JN212135

アシュアランス

Assurance

Establishing Trust through Transparency

ステークホルダーを
信頼でつなぐ

デロイト トーマツ グループ
Deloitte Tohmatsu Group

日経BP

アシュアランス
ステークホルダーを信頼でつなぐ

デロイト トーマツ グループ

はじめに

事業環境の変化は「信頼」の形も変える

　「人類の文明の物語は、いかにして互いを信頼するようになったかという物語である。」

　経済学者であるベンジャミン・ホーは、自著『信頼の経済学　人類の繁栄を支えるメカニズム』（ベンジャミン・ホー（著）、庭田よう子（翻訳）、慶應義塾大学出版会、2023年）の中で、このように述べている。また、次のようにも述べている。

　「人々は、単独で事に当たるよりも他者と力を合わせる方が多くを成し遂げられることを学んだ。集団に属する者たちの方が、大きい獲物を狩り、捕食者から身を守ることができた。しかし、他者と協力するには他者に頼る必要があるので、他者の数が増えるにしたがい信頼することが難しくなる。文明が発展し複雑化すると、人々は都市へ移り住み、同業組合（ギルド）や都市国家、国家（ネイション）を編成した。より大勢の人々と暮らすためには、それまでとは違う形の信頼が求められ、宗教や市場、法の支配によって、かつてないほど複雑な社会の発展と、かつてないほど拡大した人々のネットワークの調整を可能にする制度が発展した。前近代の部族的思考を依然として現代の生活の柱としながらも、このような道筋を経て21世紀の現在経済・社会がもたらされた。」

　現在、グローバルでの事業環境では、ICT（情報通信技術）の急速な進展、そして地政学リスクも踏まえたグローバルサプライチェーンの変革が起こっている。日本企業は、こういった事業環境のもと、持続的成長を果たしていくには、新たなテクノロジーの導入、活用、また、今まで取引のなかったグローバルマーケットのビジネスパートナーとの連携に取り組んでいかなければならない。この取り組みにおいては、企業の経営者であれば、導入、活用しようとしているテクノロジー、そして新たなビジネスパートナーは、本当に信頼できるのかという点に関して、何らかの方法で「信頼」を得たいと思うはずである。つまり、経済が成長する過程では、成長

領域において、新たな信頼を構築したいと考えるはずである。

　一方で、企業の経営者としては、成長領域でもあり、かつ、このブラックボックス化された領域、もしくは社会的不確実性が発生している領域へのチャレンジに対して、慎重になることも頷ける。なぜなら、こういった領域で発生しうる企業へのネガティブインパクトは甚大であるためだ。新たなテクノロジーの導入の失敗、もしくはサステナビリティへの取り組み意識が低いビジネスパートナーにおける不祥事は、その取り組み自体の失敗をもたらすだけではなく、企業のレピュテーションの毀損をもたらし、事業の継続性自体にも影響を及ぼしかねない。

　また、文化的、社会的なコンテキストが異なる相手と新たな関係性を結び、コミュニティを築いていくことを得意としない日本人であれば、なお一層、こういった領域で信頼を確認できないと、次の成長に向けた新たなチャレンジに踏み出すことに対して躊躇してしまいがちになる。そして、結果として、他のグローバルコンペティターの後塵を拝することになってしまう。世に言う「失われた30年」に発生した事象の一つとも考えられる。

「アシュアランス」が成長へのチャレンジを支える

　このような事業環境下において、今後グローバルマーケットで注目されてくるのが、本書で取り扱ったアシュアランスという社会的な枠組みである。この枠組みにより、社会が必要とする新たな信頼を構築し、そして、企業、ステークホルダーが、躊躇なく、持続的な成長に向けた新たなチャレンジ、意思決定に踏み出すことができるようになるのである。

　この枠組みは、企業の経営者としても、自社が、もしくは自社が提供するテクノロジーが、信頼できるものであることを示すことを可能とし、グローバルマーケットのステークホルダーに対して、自社が、安定的、かつ持続的な成長をもたらす社会において、重要な役割を果たすプレイヤーであると示すことを可能とする。

　また、この枠組みにより、グローバルマーケットにおけるステークホルダーは、互いに信頼しうる相手であることを示し合い、信頼でつながることができ、社会全体の持続的な成長にも大きく貢献していくものだと考える。

信頼と経済成長の関係についての研究は、多くのエコノミストや社会科学者によって行われており、信頼が経済成長に寄与することは、既に立証されている。例えば、経済学においては、社会的信頼と制度的信頼の両者が経済成長に寄与することを示し、相互信頼が高い国ほど、経済成長率が高いことを示している。

　既に、社会で定着している財務諸表監査の枠組み自体も、このアシュアランスの一つであり、今後社会に果たすべき役割の重要性はさらに増していく。一方で、事業環境の変化を踏まえると、企業、ステークホルダーが、持続的成長に向けた意思決定をしていくために、財務領域だけではなく、新たな領域における情報が必要になってきているのも事実である。

本書で伝えたいこと

　本書では、グローバルマーケットにおける事業環境の変化に応える形で、ニーズが高まってきているアシュアランスという枠組みの社会的認知度を向上させていきたいと考えている。

　本書の構成は下記としている。

　まず、第1章では、地政学リスクの増大やIT技術の革新など、世界的な事業環境の変化で経営課題が複雑化しており、事業活動のブラックボックス化と情報の非対称性が拡大していること、そのような変化の中で日本の安心社会は崩壊し、信頼社会への変化が求められていること、アシュアランスは情報の非対称性を解消し、社会全体の持続的成長にも貢献する点について述べる。

　第2章では、世間的には必ずしも認知度が高いわけではないアシュアランスについて、アシュアランスとは何か、その枠組み、サービスごとに提供されるアシュアランスレベルの違いなど、アシュアランスを理解するための基本的知識について解説する。また、企業がアシュアランスを活用することで得られるメリット、実際のアシュアランス業務の流れと企業の留意点について例を用いて述べる。

　第3章では、既にアシュアランスが広く活用されているIT領域について、具体的にどのような領域でどのようなアシュアランスサービスがあるのかを、サービスごとの特徴と、どのような場面で活用すると効果的かについ

て解説する。アシュアランスサービスとしてSOC、ISMAP、AUP、ISMS等の代表的なものを取り上げる。

　第4章では、近年注目が高まっているサステナビリティ領域について取り上げる。サステナビリティ情報の開示制度の歴史的変遷と、世界的な規制の動向、現在行われているアシュアランス業務について解説するとともに、今後要求されるであろうアシュアランスのレベル感、対応する企業の留意点などについて述べる。

　第5章では、新しいIT領域であるブロックチェーンとAI（人工知能）について取り上げ、ビジネスでの活用の状況と、これまでのITとの違いから生じる新たなリスクを解説する。AIについては、世界的な規制の動向や各国のスタンスの違いについて概観するとともに、現在策定が検討されている新しいアシュアランスの枠組みについても解説する。

　第6章では、現在のアシュアランスの制度が抱えている課題を概括し、今後アシュアランスが社会においてより有効に活用されるために、改善すべき点とその方法を提案する。

　歴史を振り返ると、人類は、信頼をベースにしながら、お互いの協力関係を構築し、成長を成し遂げてきた。歴史は繰り返すものであり、日本企業が、今後の持続的な成長を見据えて、新たな領域でのチャレンジを躊躇なく進めていくには、ステークホルダーに信頼を示す、そして、ステークホルダーと信頼でつながっていくことが、極めて重要になってくる。

　人類が、サステナブルな形で、文明の物語の新たな1ページに進むために、アシュアランスこそが、社会から求められる枠組みの一つになってくると確信している。

執筆者代表
有限責任監査法人トーマツ
パートナー
齋藤　雅司

Contents

第1章 アシュアランスが重要となる社会的背景

第2章 アシュアランスの枠組み

第**3**章　IT領域のアシュアランス業務

第4章 サステナビリティ領域の アシュアランス

アシュアランスが重要となる社会的背景

社会の変化が
経営者の責任を複雑化する

① ITの進化、デジタルトランスフォーメーション（DX）の進展、地政学リスク、気候変動に対する危機感の高まりなどを背景に、経営の舵取りがかつてないほど難しくなっている。
② 事業環境の変化によりビジネスはブラックボックス化し、ステークホルダー間の情報の非対称性が拡大することで、日本の社会的不確実性が拡大している。
③ 第三者からアシュアランスを取得することは、社会全体の持続的成長を支えるステークホルダー間の信頼関係構築に寄与するとともに、経営者は自らが受託責任を果たしていることも説明できる。

　近年、企業経営を取り巻くビジネス環境の変化が一段と激しくなってきている。ここ1〜2年を振り返ってみても、新型コロナウイルス感染症の世界的流行、ロシアによるウクライナ侵攻、世界的なインフレ昂進、人手不足の顕在化、気候変動や自然災害など、枚挙にいとまがない。読者の脳裏にも多くの出来事が浮かぶはずだ。そのどれもがビジネス環境の激変に直結している。

　ビジネスとは切っても切れない関係にあるIT分野でも、かつてない大きな変革が起きている。コロナ禍を契機として一気に普及したテレワーク、突然、ビジネスの現場に躍り出てきた「ChatGPT」に代表される生成AIは、ビジネスパーソンの働き方を根底から変えようとしている。ビジネス環境の変化がIT活用の高度化・複雑化を促し、逆にIT基盤の進化、高度化はビジネス環境の変革を迫っている。

　一方で、生成AI、クラウド、ブロックチェーンといった新しいIT基盤の活用が進むにつれて、システム障害や情報流出、外部からのハッキング等、企業活動に損失が生じるリスクは大きくなっている。

　例えばビジネスでの活用が進む生成AIだが、適切なセキュリティ設定

事業環境の変化とIT活用の高度化が同時進行

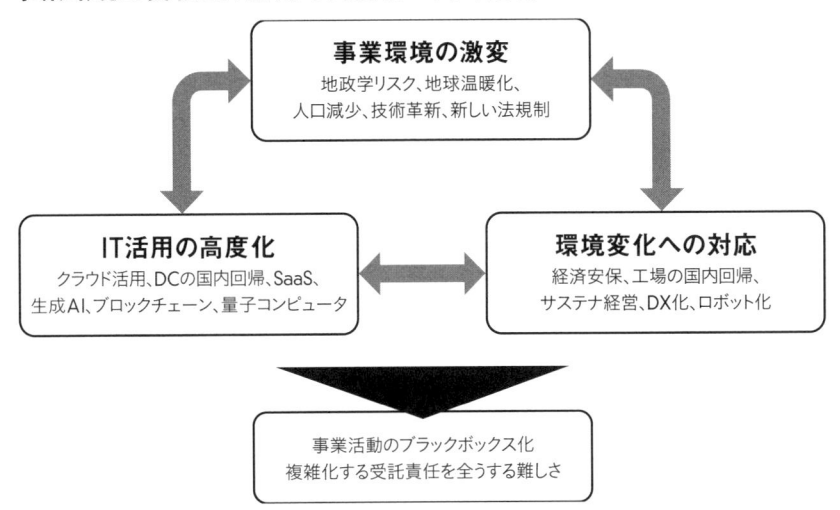

事業環境の激変とIT活用の高度化にビジネスを対応させることで、経営者からは事業活動の詳細が見えにくくなってきている。受託責任を果たすのが難しい時代。

を怠ると、入力した内容が外部に漏れるリスクがある。安易に使って機密情報や個人情報などを漏らしてしまった場合、「生成AIにそのようなリスクがあるとは知らなかった」では済まされない。新しい技術には新しいリスクが潜んでいる。

　経営者にとってビジネスの舵取りがかつてないほど難しい時代に突入しているのは間違いないだろう。それでも経営者は自らのビジネスを大きな環境変化に適応させていかなければならない。同時に、顧客、株主・投資家、取引先、従業員、規制当局といったステークホルダーに対する責任を果たすことも求められる。ビジネス環境がどんなに変化し、複雑化し、不透明さを増しても、経営者は自らの事業活動を熟知し、なぜそのような経営判断を下したのか、根拠を示しながら合理的に説明する必要がある。

　第1章では、企業を取り巻くビジネス環境の3つの大きな変化を近年の出来事と照らし合わせながら概観する。その上で、ビジネス環境の変化がステークホルダーとの信頼関係の構築と経営者の受託責任の遂行にどのような影響を与えるのか、信頼関係構築と受託責任遂行のために、第三者から情報の信頼性について「アシュアランス（assurance）」を取得するこ

とがいかに重要か、また、アシュアランスが結果として信頼（トラスト）でつながる社会を構築し、社会全体の持続的成長を推進するものであることを紹介する。

　アシュアランスは一般に「保証」と訳されるが、本書では監査の世界での専門用語としての保証より幅広い意味を持たせている。具体的には「企業が開示する情報（数値だけでなく内部統制等の定性的情報も含む）の信頼性について、独立した第三者が検証手続を実施し、報告書等の成果物を発行する行為を幅広く指すもの」と定義する。第2章で詳しく解説する。

1 世界的な事業環境の変化で 経営課題が激増

　ウクライナ戦争に代表される地政学リスクの増大、異常気象に対する危機意識の高まり、そして生成AIの登場。いずれも大きなトピックだが、「自社のビジネスには大きな影響はないだろう」と考えているなら、それは誤解である可能性が高い。いずれも見逃してはならない重大なビジネス環境の変化だ。

変化①【世界情勢】高まる地政学リスクへの対処

　世界はますます不安定化している。2022年2月に始まったロシアのウクライナ侵攻だけでなく、2023年10月に勃発したハマスの襲撃事件により、イスラエル・パレスチナ情勢も緊迫度を増している。中東問題に対する米国のバイデン政権の対応は米国世論のさらなる分断を招き、2024年に行われる米国の大統領選挙の行方も見通しが立たない状態だ。ドナルド・トランプ前大統領が再選すれば、米中関係の悪化が予想され、日本経済にも小さくない影響があるだろう。

　地理的に遠い欧米や中東だけでなく、中台の緊張や北朝鮮のミサイル発射など、日本周辺でも不穏なニュースが後を絶たない。2024年1月の台湾の総統選挙は、対中強硬路線を掲げる民進党・頼清徳氏が勝利したが、この結果は中台関係のみならず米中関係にも影響を与えよう。世界の耳目も東アジアに集まっている。

地政学リスクとサイバーリスクの密接な関係

　地政学的な緊張や不安定さが高まれば、経営者は新しい世界経済の地図に適応するべく、ビジネスを変化させなくてはならない。為替変動や資源価格変動を予想して適切な対応をとるだけでなく、経済安全保障の観点から海外拠点の見直しなども含めたグローバル・サプライチェーンの再構築も必要となるだろう。

　ジェトロ（日本貿易振興機構）の調査[1]では、ウクライナ侵攻前の2021

年時点でさえ海外ビジネスを行う日本企業の6割超がサプライチェーンを見直すとしている。海外生産をやめ、工場を国内に回帰させるといったことも視野に入れている企業もあるだろう。

海外生産や貿易を行っていない企業にとっても地政学リスクの高まりは他人事ではない。米国の大手ITベンダーが提供しているITプラットフォームも地政学リスクに晒されている。自社のITシステムの一部としてAmazon Web Services、Google Cloud、Microsoft Azureといった米巨大IT企業のクラウドサービスを利用している場合（まったく利用していない企業は少数派だろう）は、利用するデータセンターの物理的な所在地（リージョン）を日本国内に限定する必要もあろう。そもそも日本企業が運営するクラウドサービスへ切り替えることを検討する必要があるかもしれない。

地政学リスクの高まりは、サイバーリスクの増大も引き起こしている。現代の戦争は正規戦にテロやサイバー攻撃といった非正規戦を組み合わせた「ハイブリッド戦争」が当たり前だ。米国陣営と見なされる日本の企業は、紛れもなく海外からのサイバー攻撃の対象だ。

事実、ロシアを支持するサイバー攻撃集団「キルネット（Killnet）」は、2022年9月、通信アプリ「テレグラム」に日本へのサイバー攻撃を宣言する動画を投稿。その後、大量の通信を送りサーバーを停止させる「DDoS攻撃[2]」を日本の政府系や民間企業のサイトに行っている（**図表1-1**）。政府系サイトはまだしも、ウクライナ戦争を自社のリスクとしては想定しにくい鉄道会社のWebサイトまでがターゲットになっている。

経営者はグループ会社を含めて適切な情報セキュリティ対策をとっているのか、ステークホルダーに対する説明をこれまで以上に求められる。

万が一、外部からのハッキングなど情報セキュリティ上の脅威となる「サイバーインシデント」が発生した場合には、自社の情報セキュリティ対策の内容、被害の影響範囲、被害を受けて実施した対応策、原因の調査結果について、ステークホルダーと迅速かつ適切なコミュニケーションをとることができなければ、深刻なレピュテーションリスクに晒されることになる。米国では上場企業にサイバーインシデントの開示ルールが施行され、近い将来日本にも制度が輸入される可能性もある。

図表 1-1 Killnetによる攻撃事例（2022年9月）

攻撃対象	悪用された サービス	攻撃時刻（JST）
政府系サイト1	DNS	2022-09-06 13:47 ～ 13:48 2022-09-06 16:32 ～ 17:32
政府系サイト2	DNS	2022-09-06 13:48 ～ 13:49 2022-09-06 16:31 ～ 17:31
政府系サイト3	DNS	2022-09-06 13:49 ～ 13:51
政府系サイト4	DNS	2022-09-06 13:50 ～ 13:51
クレジットカード会社	DNS	2022-09-06 17:15 ～ 18:15
通販会社1	DNS	2022-09-06 20:40 ～ 20:49
通販会社1の別サイト	DNS	2022-09-06 21:43 ～ 21:50
検索サイト	DNS	2022-09-06 20:55 ～ 21:24
無料通話アプリ	DNS	2022-09-06 21:52 ～ 21:54
無料通話アプリの API サーバ1	DNS	2022-09-06 21:54 ～ 22:00
無料通話アプリの API サーバ2	DNS	2022-09-06 21:55 ～ 22:00
管理組合サイト	DNS	2022-09-06 22:12 ～ 23:12
動画サイト	DNS SNMP	2022-09-06 23:51 ～ 09-07 00:42 2022-09-07 01:54 ～ 01:55
鉄道会社1	SNMP	2022-09-07 19:17 ～ 19:20
鉄道会社2	DNS	2022-09-07 19:17 ～ 19:20

出所：国立研究開発法人情報通信研究機構「NICTER 観測レポート2022」

　地政学リスクの高まりによるサイバーリスクの増大については、自社だけが対応すればよいわけではない。デジタル社会においては、多くの関係者が相互依存の関係にあり、自社外のどこかでサイバーリスクが顕在化すれば、自社の業務にも影響が出かねない。自社の機密情報や個人情報が自社外から漏洩することもありうる。自社と直接つながっている取引先のセキュリティ対策状況に注意を払う企業は増えているが、さらにその先となると情報入手の難しさもあり、手をつけていない企業が多い。

　経営者としては、自社だけではなく自社を取り巻くステークホルダーが適切にサイバーリスクに対応していることを確かめることも、受託責任を果たす上で重要となる。

変化②【地球環境】温暖化対策が経営課題に

　地球温暖化の進行が止まらず、2023年の夏は世界的にも記録的な暑さとなった。線状降水帯による大雨や河川の氾濫などの異常気象に悩まされたことは、記憶に新しいだろう。

　気候変動に伴う自然災害の増加はそれ自体が経営リスクに直結しているが、経営者には気候変動の要因とされる地球温暖化対策への取り組みという新たな課題も突きつけられている。

　持続可能性を意味する「サステナビリティ」という用語は、社会にかなり浸透してきた印象がある。地球環境を意識した経営を行い、サステナビリティ情報を積極的に開示することでステークホルダーからの評価を向上させることが、経営課題として重要となってきている（**図表1-2**）。

　企業が独自に考えた環境保護活動に自主的に取り組み、その様子を自己申告という形で自社のWebサイトや統合報告書などで公開すれば社会的

図表 1-2 気候変動は企業経営にとって全社を挙げて取り組むべき
明確なリスク・機会になり得る

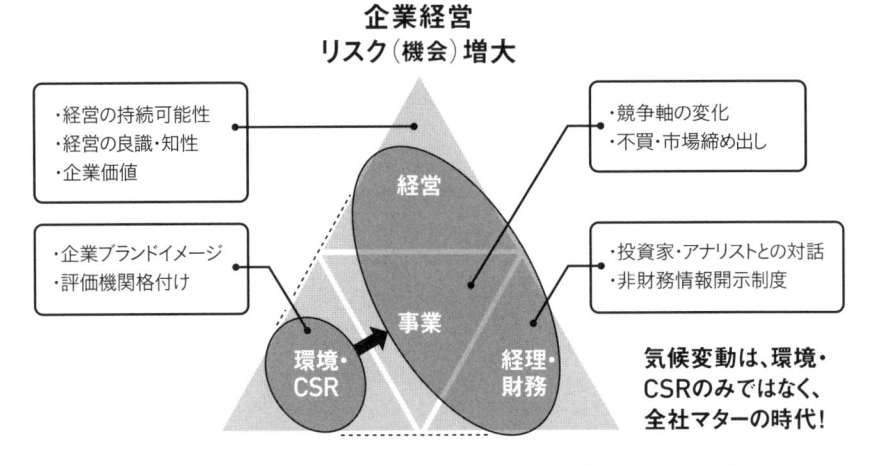

企業経営
リスク（機会）増大

・経営の持続可能性
・経営の良識・知性
・企業価値

・競争軸の変化
・不買・市場締め出し

・企業ブランドイメージ
・評価機関格付け

・投資家・アナリストとの対話
・非財務情報開示制度

経営

事業

環境・CSR

経理・財務

気候変動は、環境・CSRのみではなく、全社マターの時代！

気候変動対応は、従来は環境・CSR部門が対応していたが、「企業価値」「事業売上」「資金調達」の面でも気候変動課題がリスク・機会となりうることから、全社として取り組む必要性が高まっている。
出所：環境省「TCFDを活用した経営戦略立案のススメ〜気候変動リスク・機会を織り込むシナリオ分析実践ガイド2022年度版〜」

責任を果たせた時代は終わった。社会から要請されたサステナビリティ活動に取り組み、その内容をルールに従って適切に公開することを企業に義務付けるのが今の世界的な潮流だ。

上場する日本企業は2023年3月期から有価証券報告書でサステナビリティ情報を開示することが義務付けられた[3]。関連する法令や東京証券取引所の規則には、サステナビリティ活動について開示すべき事項の規程があり、ルールに反した企業にはペナルティも科せられる。

サステナビリティへの取り組みでは欧州が先行しているが、多くの国・地域でもサステナビリティ情報開示の義務化が議論されている。この議論の中では開示の義務化にとどまらず、財務諸表監査同様、独立した第三者による保証を導入すべきだという議論になっている。執筆時点（2024年5月）では日本のサステナビリティ情報開示に第三者の保証は義務付けられていないが、義務化に向けた議論は既に始まっている。

今後見込まれる法制化に対応するためにも、企業にはアシュアランスに耐えられるサステナビリティ情報開示のプロセス作りと内部統制の構築が求められている。

これは2008年に導入された内部統制報告制度（いわゆるJ-SOX）の時と同じ流れだ。今回も義務が課せられる上場企業には相応のコストが発生するだろうし、適切な情報開示を怠った場合にも相応のコストを支払うことになるだろう。

なお、サステナビリティ情報開示の重要項目である「温室効果ガス（GHG）排出量」については、自社グループだけでなく、サプライチェーンを含めた排出量の開示が要求される可能性が高い。経営者が受託責任を果たすには、サイバーリスク同様、社外のサステナビリティ情報にも目を配る必要があろう。

頻発する自然災害への備えと、その対策内容の開示も企業には求められている。2024年1月1日に発生した能登半島地震では、石川県を中心に大きな被害が出た。改めて日本においては個人にとっても企業にとっても地震対策が非常に重要であることを思い知らされた。

自然災害発生時にもITシステムやサービスを止めないためには、地震対策を含む物理的セキュリティを考慮したデータセンターやクラウドサービスの選択が求められる。電気、ガス、通信、物流、運輸など、生活イン

フラを提供する企業の経営者は、災害対策に加えて「災害時にもサービスを継続的に提供できる体制を構築していること」をステークホルダーに伝えていくことが、ますます重要になってくるだろう。

変化③【生成AI登場】
人手不足と加速するAIのビジネス利用

日本の人口減少が止まらない。総務省統計局によると、日本の人口は2024年4月1日現在で約1億2400万人[4]。2008年をピークに、2011年以降、毎年減少している。

少子高齢化の進行による労働人口の減少を背景に、飲食・観光・介護などの業界は深刻な人手不足に直面している。オフィスワーカーについても様々な企業・部署で人が足りないという嘆きを聞く。足りない労働力をイノベーションの創出や労働生産性の向上で補うべく、生成AIを活用しようとする試みが各所で進みつつある。

その一方、フェイク動画による政治・経済的混乱、画像・文章等における著作権の侵害、プロンプト（生成AIに対するユーザーの指示）入力時の個人情報・機密情報の漏洩など、生成AIに由来する新たな問題も引き起こされている。

スタートアップの中には生成AIを積極的に活用している企業も多いが、透明性の維持、説明責任の確保、著作権法を含む既存の法令の遵守、訴訟リスクへの対応など、リスク対策が不十分に見える企業も珍しくない。

世界各国・地域ではAI活用に規制を導入する議論が加速している。2024年5月、欧州連合（EU）の理事会は「EU AI Act[5]」というAI規制法案を可決したと発表した。詳細は第5章（**178ページ**）で紹介するが、AIを適用してはならない用途・領域などを定めており、違反した企業には最大で3500万ユーロまたは世界売上の7%の罰金が科される可能性があるという、非常にインパクトの大きい法令だ。施行後の実際の運用（EUの方針、各企業の対応等）の詳細が明らかになるのが待たれるが、AIを活用したビジネスを欧州でも展開する日本企業にとって、対応は避けられないだろう。

日本でもルール作りは進んでいる。2024年4月に総務省と経済産業省

図表 1-3 AI ガバナンスの構築において留意する観点としての行動目標

分類	行動目標
1. 環境・リスク分析	1-1 便益 / リスクの理解
	1-2 AI の社会的な受容の理解
	1-3 自社の AI 習熟度の理解
2. ゴール設定	2-1 AI ガバナンス・ゴールの設定
3. システムデザイン	3-1 ゴールと乖離の評価及び乖離対応の必須化
	3-2 AI マネジメントの人材のリテラシー向上
	3-3 各主体間・部門間の協力による AI マネジメント強化
	3-4 予防・早期対応による利用者のインシデント関連の負担軽減
4. 運用	4-1 AI マネジメントシステム運用状況の説明可能な状態の確保
	4-2 個々の AI システム運用状況の説明可能な状態の確保
	4-3 AI ガバナンスの実践状況の積極的な開示の検討
5. 評価	5-1 AI マネジメントシステムの機能の検証
	5-2 社外ステークホルダーの意見の検討
6. 環境・リスクの再分析	6-1 行動目標 1-1 〜 1-3 の適時の再実施

出所：総務省・経済産業省「AI事業者ガイドライン（第1.0版）」「AI事業者ガイドライン 別添（付属資料）」

は「AI事業者ガイドライン（第1.0版）[6]」を公表。AIの事業活動を担う主体として、「AI開発者」「AI提供者」「AI利用者」を定義し、それぞれの主体がAIのガバナンス体制を構築する上での指針とすることが想定されている。ガイドラインはAIを活用する上で必須となるガバナンス構築の具体的な指針まで踏み込んだ内容になっている（**図表1-3**）。

　経営者にとっては、2024年は自社におけるAIの開発・利用に関するガバナンス体制の構築が急務となることは間違いないだろう。

厳しさを増す社会の目

　地政学リスク、気候変動、そしてITの進化・活用の高度化という3つの変化は、企業活動に対する社会の監視の目を以前にも増して厳しくしている。

　サイバー攻撃による個人情報の漏洩や公共性の高いITサービスの停止は、事件を起こした企業だけでなく、一般の利用者にも被害が及ぶ。野放図な

企業活動による環境破壊や人権無視は言わずもがなだろう。企業活動が環境や社会に与える影響についての関心が高まるにつれ、企業も公共の利益について責任を負うという認識が広まりつつある。

　企業活動には消費者の保護、環境の保全、持続可能な社会の実現といった観点から高いモラルやリスク管理、公平性、透明性などが求められる。同時に、情報セキュリティ対策や、サステナビリティ、ガバナンスといった分野では、企業の取り組みの実効性を担保する新たな枠組みやルールの導入が進んでいる。企業は日々、進化する様々な国・地域の様々な規制・ルールを知り、適切に対応していかなければならない時代なのだ。

2 ｜ 日本的な安心社会の崩壊

　日本企業は昭和の時代、終身雇用・年功序列・系列取引といった日本型経営の中で戦後の復興を遂げ、経済成長を実現してきた。平成・令和と時代は移り、このような日本型経営も変わりつつあるが、日本企業の経営者や上級管理職の多くは昭和生まれであり、メンタリティとして日本の経済成長の時代の影響を多分に受けており、いまだ日本型経営も幅をきかせている。

　日本型経営においては、日本企業のステークホルダーはお互いによく知ったもの同士であり、信頼性を確認することに多くのコストをかけることなく安心して取引ができた。すなわち、経営者にとって予期せぬことが起こるという社会的不確実性が小さい安心社会が維持されてきた。

　しかし、前節で見てきたような世界的な事業環境の変化により、よく知ったビジネスパートナーとだけ取引をすれば済む時代ではなくなっている。革新的な新製品を引っさげて登場した米国の新興企業、圧倒的低価格の製品で市場を席捲するアジアの新興企業など、グローバルマーケットにおいてはこれまで付き合いがなく、よく分からない企業との取引も、リスクを見極めて積極的に進めていかなければグローバルの競争に勝ち残れなくなっている。

　もはや日本企業にとって居心地がよかったかつての安心社会は失われつつある。だが、よく知らない取引相手がもたらすベネフィットが、リスクとコストを圧倒的に上回っていることも多い。取引相手の信頼性を確認するためのコストを厭わず、積極的にリスクをテイクし、ベネフィットを追求しようとする海外企業と、心地よい安心社会に居続けようとする日本企業とでは、成長力において大きく差が開いてしまうのは明らかである。

　社会心理学者の山岸俊男は、その著書『安心社会から信頼社会へ　日本型システムの行方』（中央公論新社、1999年）において、「信頼は、社会的不確実性が存在しているにもかかわらず、相手の（自分に対する感情も含めた意味での）人間性のゆえに、相手が自分に対してひどい行動はとらないだろうと考えることです。これに対して安心は、そもそもそのような

社会的不確実性が存在していないと感じることを意味します」と、「信頼」
と「安心」を定義しており、安心社会が崩壊しつつある日本社会を信頼社
会へ作り変えるべきであると述べている。

　それでは、社会的不確実性が存在する中で、お互いがお互いを信頼する
ためにはどうしたらよいだろうか。また、信頼を阻害している要因は何だ
ろうか。

3 ｜ 事業活動のブラックボックス化と情報の非対称性の拡大

(1)事業活動のブラックボックス化

　複雑化した現代社会で、お互いの信頼関係構築を難しくしているのは、「事業活動のブラックボックス化」と、その背景にある「経営者とステークホルダーの情報格差（情報の非対称性）の拡大」だ。例えば、自社の商品やサービスの一部を構成するテクノロジーの提供者（IaaS[7]ベンダー等）やビジネスパートナー（システム開発ベンダー等）について、経営者は自社内部の状況に比べると詳細には知りえない。IT活用の高度化に伴って、経営者とテクノロジー提供者が持っている情報の非対称性は拡大している。かつてのように自社だけで商品やサービスの提供が完結した時代に比べ、リスクの識別や評価は難しくなってきていることを経営者は認識すべきだろう。

　ステークホルダー側も同じような情報の非対称性という問題を抱えていることも、経営者は頭に入れておきたい。ステークホルダーは取引先企業の経営者が持っている情報の多くにアクセスできないのだ。経営者は自社で何らかの不祥事や事故等が起きた場合、十分なリスク分析や対策の構築をしているという情報をステークホルダーに事前に開示していなければ、事件が表沙汰になった際に訴えられる可能性すらある。

　地政学リスク、気候変動、そしてITの進化・活用の高度化という3つの変化は、ビジネスの姿も変えつつある。経営者は変化によって生じる新しいリスクに適切に対応しなくてはならないし、適切に対応していることをステークホルダーに示す義務もある。しかし、テクノロジーの進化や、新たなビジネスパートナーとの連携拡大などを背景に、自社の事業であっても経営者から見えない領域が拡大している。ビジネスのブラックボックス化が進み、ビジネスパートナーとの信頼関係を構築することも、経営者が受託責任を果たすことも容易ではなくなってきている。

（2）情報の非対称性とは

「情報の非対称性」はアシュアランスの重要性を語る上で非常に重要な概念であるため、ここで改めて触れておきたい。

情報の非対称性とは、取引において売り手と買い手が持っている情報に差がある状態をいう。米国の経済学者であるジョージ・アカロフ[8]が、中古車市場では買い手は高品質な車と低品質な車を判別しにくいため、どちらも低い価格をつけられてしまい、市場には低品質な車しか流通しなくなる傾向があることを指摘した1970年の論文において登場した用語である。

例えば、買い手が情報劣位にいるために、商品の品質を推し量る手段がなく、高品質の商品であってもそれに見合う価格で購入しない場合もあるだろう。これは、買い手にとっては合理的な行動だが、その結果、市場には低品質な商品ばかりがあふれてしまい、取引が成立しなくなる。こうした全体的に非合理な結果が生じる現象を「逆選択」と呼び、市場の失敗の例として挙げられる。

一方、売り手が情報劣位にいるケースとして、自動車保険の例がよく取り上げられる。保険会社は事故を起こす確率が高いドライバーと低いドライバーの区別がつかないため、保険料を一律で設定する。すると、安全運転のドライバーは保険料が高いと感じて加入せず、事故を起こしやすい危険なドライバーばかりがその保険に加入することになる。また、保険でカバーされるためにかえって安全運転をおろそかにする行動を誘発しかねない。これを「モラル・ハザード」という。

こうした情報の非対称性の問題への対策としては、「シグナリング」と「スクリーニング」という方法がよく知られている。

シグナリングとは、情報優位にいる者が、自らが持つ情報を情報劣位にいる者に対して提示することにより、情報の格差を小さくすることをいう。一般的には、提供しようとする商品の品質の高さを表す情報（例：受賞歴、顧客の声）を提示する場合が多い。しかし、品質の低い商品を提供する者も同じように品質の高さを表す情報（実際には品質は低いので偽情報）を提示しようとする可能性があるため、実際に品質の高い商品を提供している者でないと提示できない情報である必要がある。

一方、スクリーニングとは、情報劣位にいる者がいくつかの案を提示し、

情報優位にいる者にその中から選択させることによって情報の非対称性を解消する方法である。保険会社が複数の保険プラン（例：走行距離や自己負担額により保険料が異なるプラン）を提示して加入者に選ばせることで加入者の情報を入手するケースなどがある。

（3）情報の非対称性を解消するための アシュアランスの活用

経営者にとっての情報の非対称性を考えると、ステークホルダーに対しては情報優位となり、ビジネスパートナーやテクノロジーのプロバイダーに対しては情報劣位になるという二面性がある。どちらの面においても、情報優位にいる者から情報劣位にいる者に対して情報を提供することで、情報の非対称性を小さくすることが信頼関係を構築する上で重要となる。

しかし、情報劣位にいる者からすれば、情報優位にいる者から提供された情報をそのまま信じることは難しい。その情報の信頼性が担保されていないためである。そのため、独立した第三者に情報の信頼性を担保してもらうこと、すなわち、アシュアランスを取得することが非常に重要となる。

アシュアランスを取得することで、情報優位にいる者の行為が情報劣位にいる者に不利益をもたらすものではないことを、情報劣位にいる者に納得してもらいやすくするためである。

経営者はステークホルダーに対しては、アシュアランスを取得し、情報の非対称性を解消して情報劣位にいる取引相手から信頼を得ることによって、競合他社との差別化を図ることができる。前節で述べたシグナリングの手法である。一方でビジネスパートナーやテクノロジーのプロバイダーに対しては、アシュアランスを取得している企業を優遇する姿勢を打ち出すことで、良質な企業を取引相手として選ぶことが可能となる。前節で述べたスクリーニングの手法である。

アシュアランスの活用によって、リスクとその対応状況を可視化し、経営者は自らが受託責任を適切に果たしていることを立証することもできるようになる。

4 | 企業の持続的成長に向けた アシュアランスの活用

多くの消費者は有名ブランド、老舗、大手メーカーなどの商品に対して好ましいイメージを持っている。これは経済活動の基盤に「信頼（トラスト）」という概念が存在するからだろう。かつては直接的な人間関係が商取引の中心であり、相互の信頼がなければ取引が成立しないような場面も多かった。老舗や有名ブランドとされる企業は、長年にわたり顧客と直に接することで信頼を獲得してきたはずだ。そのような相互に信頼関係がある安心社会の中では、お互いの身分証明証となるようなものは必要とされなかった。

日本企業は、戦後の高度経済成長期において、勤勉な労働力と弛まぬ改善活動により、品質向上とコストの削減を実現して世界のマーケットで競争力を発揮していった。このような安心社会での連続的な成長は日本企業の得意とするところであった。

ところが、グローバル化やDXの進展により取引相手と顔を合わせる機会が減少し、互いの匿名性が増すにつれ、よく知っている安心社会の取引相手とだけビジネスをしていればよい時代は終わった。企業は、不確実性にあふれるこのビジネス環境において、持続的成長に向けて、今まで導入していなかった企業の革新的な製品・サービスや、サプライチェーンの変革による新たな企業との提携を考え、グローバルマーケットでの厳しい競争に勝ち抜いていかなければならない時代になっている。この「新たな領域」への展開、チャレンジには、大きなリスクが伴う。経営者とすれば、新たに導入しようとしている製品・サービスが信頼できるものか、また新たな提携先の企業が信頼できる企業か、不安に感じるのではないか。

もし、この不安を解消できる術がないとすると、経営者としては、「新たな領域」への展開、チャレンジに躊躇してしまうケースも出てくるだろう。ここで、アシュアランスが、その不安を解消する術として機能すればどうであろうか。つまり、新たに導入しようとしている製品・サービスが信頼できるものであること、または、新たな提携先の企業が信頼できる企業であることを、独立した第三者から担保してもらうのである。すなわち

アシュアランスの取得である。

　その結果、企業は、安心して、そして躊躇することなく「新たな領域」への展開、チャレンジに踏み出すことができるであろう。また、マーケットにおいては、一つのアシュアランスを取得することにより、多くの企業、ステークホルダー同士がつながることができる。つまり、1対Nでの成長機会を得ることができるようになる。

　このように、不確実性が高まり、非連続的な成長が求められるこのビジネス環境であるからこそ、ステークホルダー間の信頼関係を構築していくアシュアランスの取得は、企業の持続的な成長にも大きく寄与できる枠組みとなる。

図表 1-4 **主なアシュアランスの対象領域の位置付け**

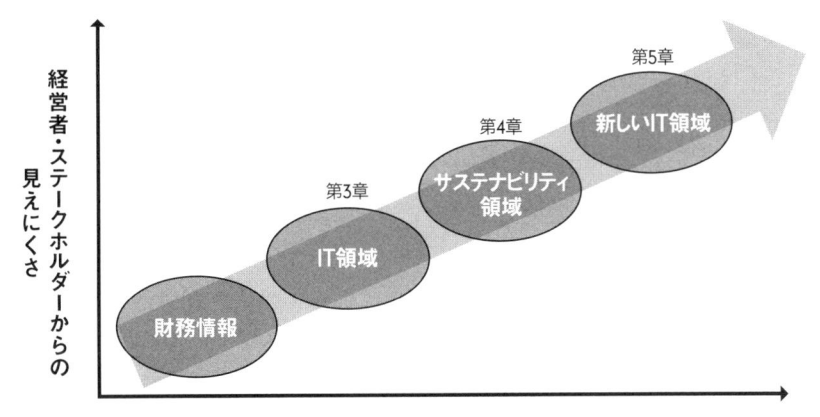

内容の新規性・複雑性が増大するにつれて経営者・ステークホルダーからの見えにくさも増大している領域にアシュアランスの対象領域が拡大している。本書では拡大の時系列に沿った章立てとしている。

1　2021年度｜ジェトロ海外ビジネス調査　日本企業の海外事業展開に関するアンケート調査、https://www.jetro.go.jp/ex
　　t_images/_Reports/01/12f5036312ce9e76/20210064rev2.pdf
2　分散型サービス妨害攻撃（Distributed Denial of Service attack）。サーバーやネットワーク資源に数多くの場所・機器か
　　ら意図的に過剰な通信負荷をかけてサービスを妨害する攻撃。
3　企業内容等の開示に関する内閣府令等の一部を改正する内閣府令。2023年1月31日公布・施行。
　　https://www.fsa.go.jp/policy/kaiji/sustainability01.pdf
4　総務省統計局「人口推計　2024年（令和6年）4月報」、https://www.stat.go.jp/data/jinsui/pdf/202404.pdf
5　EU域内で一律に適用される人工知能（AI）の包括的な規制枠組み規則。欧州連合理事会が2024年5月に可決。2年以内に完
　　全適用を見込む。
　　https://www.consilium.europa.eu/en/press/press-releases/2024/05/21/artificial-intelligence-ai-act-council-gives-
　　final-green-light-to-the-first-worldwide-rules-on-ai/
6　経済産業省「AI事業者ガイドライン（第1.0版）」、https://www.meti.go.jp/shingikai/mono_info_service/ai_shakai_jis
　　so/20240419_report.html
7　IaaS（Infrastructure as a Service）。CPU、メモリ、ストレージなどの基盤（インフラ）を提供するクラウドサービスの
　　一種。
8　ジョージ・アーサー・アカロフ。情報の非対称性を伴った市場分析により2001年ノーベル経済学賞受賞。

第 2 章

アシュアランスの枠組み

アシュアランスを理解する

① アシュアランスとは何か。
② 企業がアシュアランスを活用するメリットを整理する。
③ アシュアランスの種類と企業が活用する際に考慮すべき留意点。

　経営者でさえも事業のプロセスとリスクの全貌を把握することが難しくなってきているのは、第1章で述べた通りだ。企業がステークホルダーに対する説明責任を果たすことのハードルはますます高くなっており、企業が開示する情報の信頼性について独立した第三者が提供するアシュアランスを活用することは、企業経営における重要な課題として浮上してきている。

　本章では、これまで特段の詳しい説明なく使ってきた「アシュアランス」という用語について、その種類や枠組み、メリットを詳しく説明する。さらに、アシュアランスを取得する際の留意点を述べる。

1 | アシュアランスとは何か

(1) 企業が開示する情報に対する信頼の付与

　アシュアランスは一般に保証と訳される。内部監査人協会（The Institute of Internal Auditors（IIA））は、アシュアランス業務を「組織体のガバナンス、リスク・マネジメントおよびコントロールの各プロセスについて独立的評価を提供する目的で、証拠を客観的に検証すること。例として、財務、業務遂行、コンプライアンス、システム・セキュリティおよびデュー・ディリジェンスなどに関する個々のアシュアランス業務が挙げられる」としている。日本公認会計士協会（The Japanese Institute of Certified Public Accountants（JICPA））は「保証業務」のことを「適合する規準によって主題を測定又は評価した結果である主題情報に信頼を付与することを目的として、業務実施者が、十分かつ適切な証拠を入手し、想定利用者（主題に責任を負う者を除く）に対して、主題情報に関する結論を報告する業務」と定義している。

　要は、保証の枠組みに則って開示されている情報を検証し、その情報に対して信頼を付与する行為だ。この信頼を付与する典型的な業務に財務諸表監査がある。企業は自らの責任で財務諸表を作成して、主に投資家や銀行向けに開示する。もし財務諸表に重要な虚偽表示があると、投資家や銀行は「好業績だから株を買う」「財務が良好だから融資を実行する」といった判断を誤る可能性がある。そこで一定規模以上の企業（資本金5億円以上など）は、独立した第三者である公認会計士または監査法人（以下、監査法人等という）に依頼して財務諸表の監査を受けることが義務付けられている。監査法人等は財務諸表をチェックして、内容が正しければ「この財務諸表は適正である」といった意見を表明[1]する。監査法人等はこの意見表明により財務諸表の適正性を「保証」するのである。

　財務諸表監査以外にも情報セキュリティ、サステナビリティ情報など、企業活動の様々な領域において第三者による信頼付与の枠組みが用意されている。第3章で詳しく述べるが、信頼付与の枠組みには財務諸表監査の

ように保証意見を表明するもの以外にも様々な枠組みがある。

　本書においては、アシュアランスとは、企業が開示する情報（数値だけでなく内部統制等の定性的情報も含む）の信頼性について独立した第三者が検証手続を実施し、報告書等の成果物を発行する行為を幅広く指すものとする。したがって、保証意見が表明されない業務も一部含まれていることに注意されたい。[2]

　また、アシュアランスの提供主体は、監査人、審査人、監査機関、認証機関など、様々な名称で呼ばれるが、本書では全て監査人と表記する。

（2）監査人の独立性がアシュアランスの枠組みの根幹

　アシュアランスを提供する監査人は、アシュアランスを取得する企業から独立している必要がある。この監査人の独立性こそがアシュアランスという枠組みの根幹を成しており、独立性が損なわれていてはそもそもアシュアランスの枠組みが成り立たないというほどの重要な概念である。

　独立性が損なわれているケースとして、監査人がアシュアランスを受け

図表 2-1 独立していない監査人のアシュアランスは信頼に値しない（財務諸表監査の例）

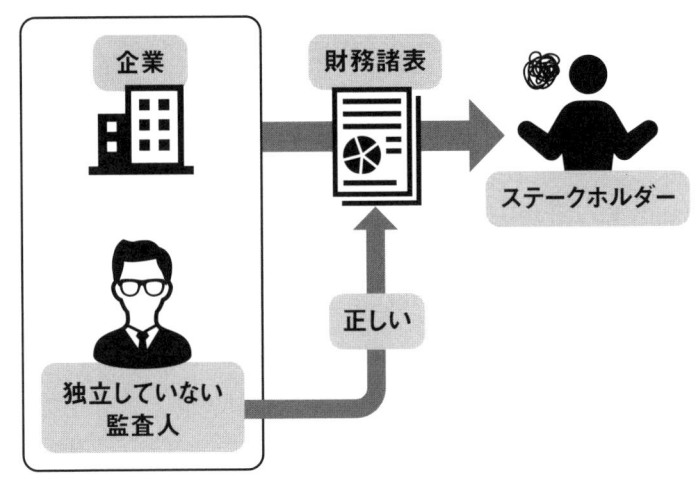

監査人が被監査企業から独立していないと、ステークホルダーは当該企業が作成した財務諸表に監査人が適正意見を表明したとしても信じることはできない。

る企業から報酬以外の金銭的便益（投資や融資など）を受けているケースを考えてみよう。監査人はこの金銭的便益を今後も受けたいと考えている。もし自らのアシュアランス業務の結果が当該企業の意に沿わない場合（不適正意見の表明など）、金銭的便益の提供が打ち切られることを恐れ、事実を曲げて当該企業の意に沿うような振る舞いをするかもしれない。

　もちろん、「自分は金銭的便益を受けていても、正しい意見表明を行う」と言う監査人もいるだろう。

　しかし、アシュアランスの結果を利用するステークホルダーからは、金銭的便益を受けている時点で外観的に独立性が損なわれていると見なされるため、アシュアランス業務の結果を信用しなくなる。するとアシュアランスの枠組み自体が破綻してしまう。

　アシュアランスの枠組みが機能するためには、監査人はアシュアランス業務を独立した立場を維持して行うための仕組みを導入することが重要となる。また、全ての監査人が独立性を維持するための仕組みを有効に機能させていることを業界団体等がモニタリングすることも併せて重要となる。

2 信頼の付与以外の
アシュアランスのメリット

アシュアランスのメリットが、開示する情報について信頼を付与されることで、ステークホルダーとの情報の非対称性を小さくし、信頼関係の構築に活用できることにあるのは前章で述べた通りである。それ以外にもアシュアランスにはメリットがある。

(1)内部統制レベルの向上

外部の専門家に客観的に数値や内部統制を検証してもらうことで、企業は自分たちが気付いていないリスクや問題を明らかにできる。特定したリスクの軽減や問題の解決に取り組めば、リスク管理体制や内部統制・コンプライアンスの強化、長期的な企業価値の向上といったメリットも期待できるだろう。

(2)内部リソース負荷の削減

あまり認識されていないが、アシュアランスには内部リソースの負荷削減というメリットがある。クラウド会計システムの提供企業や給与計算代行企業は、自社サービスを利用する上場企業から、当該サービスに関連する内部統制について当該上場企業の財務諸表監査人の監査の受け入れを要求されたり、管理体制に関する膨大なアンケートへの回答を要求されたりすることが多い。多数の上場企業を顧客に抱えている企業にとっては、これらの要求を各社ごとに対応するのは相当な負担になる。アシュアランスを活用すれば、監査人から発行される報告書等を顧客に提示することで、それまで各社ごとに対応することに割いていた内部リソースの負荷を削減できる。

図表 2-2 アシュアランス取得を契約の条件にする企業が増えている

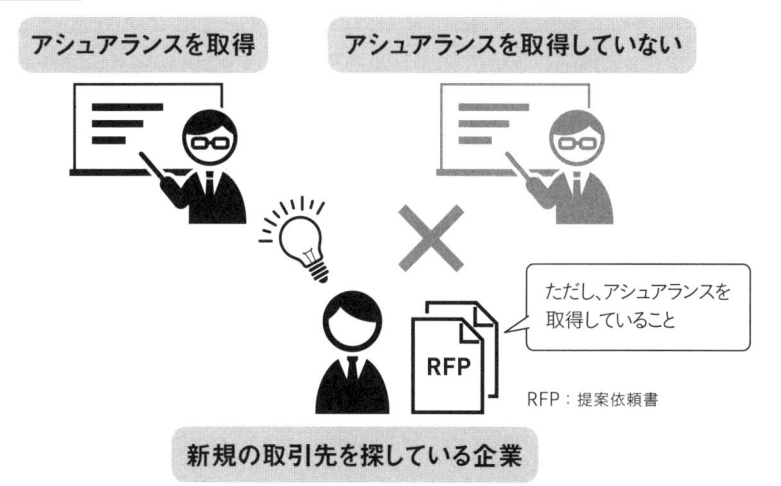

新規取引先を探す際、「アシュアランスを取得していること」を条件として明示する企業が増えている。アシュアランスを取得することで受注競争において優位に立てる可能性もある。

（3）競合他社に対する差別化

　アシュアランスは経営者が説明責任を果たす有効な手段だが、それなりのコストも生じる。経営者はこのコストをどう捉えるべきなのだろうか。経営者としては、コストはできる限り削減したいものだ。しかし近年ではアシュアランスを「説明責任を果たす手段」だけでなく、「自社の差別化戦略」と捉えて積極的に活用しようとする経営者が増えている。

　「ステークホルダーからアシュアランスを要請される前に、先んじて取得しておいて、『弊社はアシュアランスを取得しています』という点を営業活動に生かす」という考え方があってもいい。であればアシュアランスの費用は単純なコストとは言えなくなる。

　「アシュアランスは差別化戦略」という捉え方は、現実の市場で既に受け入れられている。第3章でも紹介するが、大企業に比べて対外的な信用度が低いスタートアップ、中でもIT関連の新興企業の間では、この戦略の採用が進んでいる。システム開発・運用ベンダーやクラウドサービスプロバイダー、ASPサービスベンダーなどでは、情報セキュリティの内部

統制を主題情報としたアシュアランスを取得する企業が増えている。

　また、発注先を探す企業の中には、取引先を選定する際のRFP（Request for Proposal：提案依頼書）に「アシュアランスを取得していること」という条件を記載する会社も増えている。外資系企業や金融機関のRFPにおいてよく見られるケースである。

　RFPを見て慌ててアシュアランスを請け負ってくれる監査人を探すシステム・ベンダーと、既にアシュアランスを取得していることをセールス・ポイントに営業活動をしているシステム・ベンダー。受注競争でどちらが有利かは明らかだろう。

3 ｜ アシュアランス業務の実際

(1)アシュアランスの活用に際して留意すべきポイント

　アシュアランスの取得を考える際は、以下の点に留意する必要がある。

①　**目的と範囲の明確化：ステークホルダーのニーズに合ったアシュアランスなのか、適切な形式は何か、アシュアランスを取得する範囲はどこまでかなどを明確化。**

　ステークホルダーのニーズに合っていないアシュアランスの報告書を取得しても意味がない。海外子会社も含めてほしいのに親会社と国内子会社だけを対象にしてしまった、対象期間を1月から12月にしたが、顧客の要望は10月から翌年9月までだった、などということがないように注意する必要がある。

②　**依頼先：該当分野の専門性を有する第三者を選定。必要な場合は資格と実績を確認。**

　監査人はそれぞれ新技術や業種において得意分野がある。自社と同業種の企業に対するアシュアランス提供経験や、担当者の専門性・経験などを事前に確認するとよい。

③　**契約条件：報告書の形式、対象期間、報酬、成果物の提出時期などを確認。**

　監査人と報告書の発行日を決めた後で、顧客から発行日より前に当該報告書の提出を要求されることがよくあるため、顧客に報告書を必要とするタイミングを事前に確認しておくことが重要。

④　**内部リソースの確保：監査人対応に必要な社内資料や証跡の収集や、インタビュー対象者のスケジュール調整など、相応の内部リソースを確保。**

　現場担当者は通常業務が多忙で、監査人対応のための証跡の準備をしている暇がないことが多い。証跡提出が遅れれば監査人の手続実施が遅れ、報告書発行日も遅れてしまう可能性があるため、監査人対応のための事務局やPMO（Project Management Office）業務を担う内部リソースを確保しておくことが大切だ。

図表 2-3 アシュアランスを取得する流れ（SOC1報告書の例）

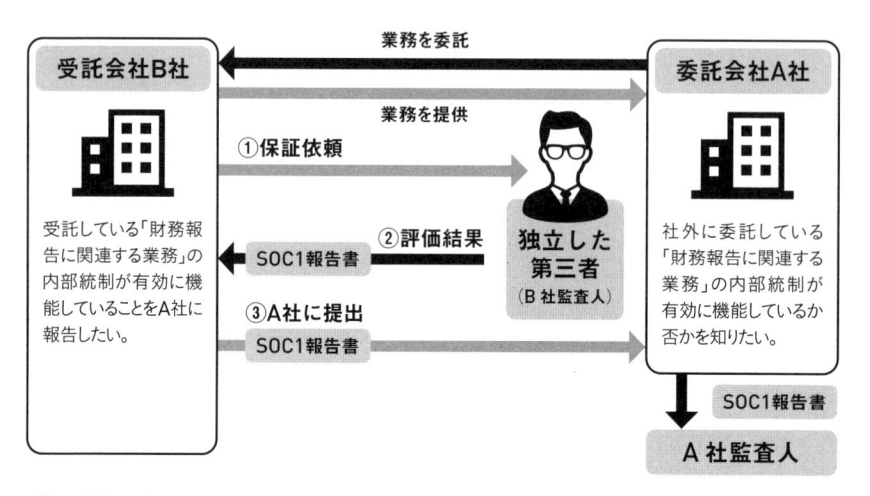

A社の業務を受託しているB社は、A社に内部統制が有効に機能していることをアピールしたい。B社は独立した第三者であるB社監査人にSOC1報告を依頼①。B社監査人は保証基準に準拠した手続を実施し、その結果と意見を表明したSOC1報告書をB社に交付する②。B社はSOC1報告書をA社に提出する③ことで、受託している業務に関する内部統制の信頼性をA社にアピールできる。

　実際に監査人と契約して検証が始まると、担当者や上席者へのインタビュー、書類の閲覧、現場の視察などの手続が実施される。全ての手続が終わると、報告書などの成果物が監査人から渡される。発見事項（不備）や改善案などが記載された社内利用のためのマネジメントレターが一緒に渡されることもある。

　企業は報告書やマネジメントレターの内容に基づいて必要な対応や改善措置を講じたり、ステークホルダーとのコミュニケーションに役立てたりする。

(2)「合理的保証」と「限定的保証」

　ここでアシュアランスのなかの保証業務における保証水準について一言触れておきたい。保証業務には「合理的保証業務」と「限定的保証業務」という2種類がある。保証対象の情報（主題情報）に対して最終的に付与

される保証水準は、合理的保証の方が高くなるが、その分、実施する手続は増える。また、合理的保証はあくまで「合理的な」保証であり、「絶対的な」保証ではないため、主題情報に誤りがまったくないことを保証しているわけではないことも留意しておきたい。

　限定的保証業務では、保証を受ける者への「質問」と、数値の「分析的手続」を中心に手続を進める。結論は「基準に準拠して作成されていないと信じさせる事項は全ての重要な点において認められなかった」といった消極的形式で報告される。

　対して合理的保証は「質問」「分析的手続」に加え、資料の閲覧、現地調査、現物確認、数値の再計算など、より多くの手続を実施し、限定的保証よりも高い水準の保証を行う。結論も「全ての重要な点において適正に表示しているものと認める」といった積極的形式で報告される。

　財務諸表監査でいえば、年度末の監査が合理的保証業務、四半期報告書（2024年4月から廃止）のレビューが限定的保証業務に該当する。

　第4章でも解説するが、サステナビリティレポート等で開示するサステナビリティ情報について限定的保証を受けるケースが増えている。しかし、日本におけるサステナビリティ情報の保証制度のあり方についてはいまだ金融庁が検討中のため、企業が開示するサステナビリティ情報の種類、開示対象となるグループ会社の範囲や開示基準にばらつきがあり、保証水準も合理的保証ではなく限定的保証にとどまっていることが多い。

　ただ、サステナビリティ情報といった非財務情報は、企業を評価するポイントとして世界的にも重要性が増している。現在は限定的保証でも、将来的には財務諸表監査と同等の水準、つまり合理的保証が何らかの規制として求められることになるであろうと考えられる。

(3)「狭義の保証業務」と「保証類似業務」

　「主題情報は正しいか否か」という「意見表明」を監査人が行うのが保証業務の基本だ。意見表明とは、分かりやすく言えば、個々の検証結果を勘案した監査人が「総合的に判断して主題情報は正しいのか」という総合結論を監査人の意見として報告書に記載することを指す。

　一方、個々の検証の結果を報告書に記載するにもかかわらず、総合結論

を監査人の意見として表明しない業務もある。こちらは保証業務ではないが、独立した監査人が特定の基準に基づいて主題情報の検証を行い、報告書を発行するという点は同じである。

そこで、総合結論を意見として表明するアシュアランス業務を「狭義の保証業務」、総合結論を意見として表明せず、個々の検証結果しか記載しないアシュアランス業務を「保証類似業務」と便宜的に呼ぶことにする（これらの用語は読者の理解を助けるために用いており、厳密に定義されている専門用語ではないことに注意していただきたい）。保証類似業務では監査人は保証意見を表明しないため、総合的に判断して主題情報は正しいのかどうかの判断は報告書の利用者に委ねられることになる。

いくつか例を見ていこう。まずは典型的な保証業務である財務諸表監査だ。財務諸表監査の報告書には検証の範囲や対象期間とともに、「総合的に判断して財務諸表は正しいのか」という財務諸表の適正性に関する監査法人等の意見が記載されている。これは狭義の保証業務である。

一方、監査人が報告書を発行する代表的な業務に「SOC（Service Organization Controls）」「ISMAP（Information system Security Management and Assessment Program）」「AUP（Agreed Upon Procedures：合意された手続）業務」がある。各制度の詳細は第3章で解説するが、「狭義の保証業務」と「保証類似業務」の違いを理解するために簡単に紹介する。

SOC報告書[3]は、顧客（委託会社）から業務の一部を受託しているアウトソーシング事業者（受託会社）の、当該受託業務の内部統制を主題情報として作成される保証報告書である。この報告書には、監査人が実施した個々の内部統制の検証結果と総合結論が記載される。個々の内部統制の検証結果を記載するという点は財務諸表監査と異なるが、内部統制の有効性に関する総合結論を意見として表明するのでSOCは狭義の保証業務となる。

政府情報システムのためのセキュリティ評価制度であるISMAP[4]はどうだろう。ISMAPではクラウドサービス事業者に対する要求事項があらかじめ定められている。報告書には個々の要求事項についての監査人の検証結果が記載されている。しかし、総合結論と監査人の意見は記載されない。つまりISMAPは保証類似業務となる。

AUP[5]（合意された手続）業務は、依頼者と監査人があらかじめ合意し

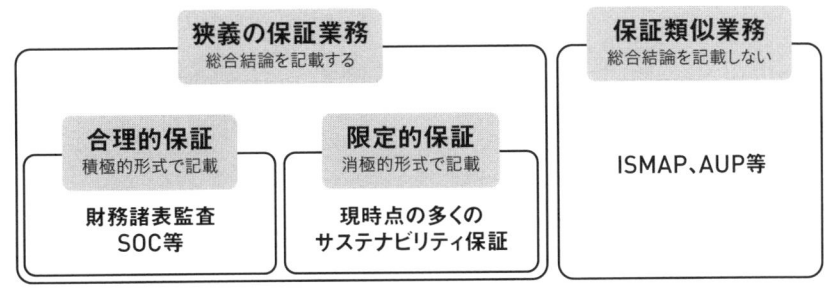

図表 2-4 総合結論としての保証意見が表明されるかどうかは業務によって異なる

「主題情報は正しいのか」という総合結論を報告書に記載するのが狭義の保証業務。狭義の保証業務は、「全ての重要な点において適正に表示しているものと認める」といった積極的形式の意見表明で保証を与える「合理的保証」と、「基準に準拠して作成されていないと信じさせる事項は全ての重要な点において認められなかった」という消極的形式の意見表明で保証を与える「限定的保証」に分けられる。個々の検証結果は記載するが、総合結論としての保証意見は記載しないものは本書では、便宜的に保証類似業務としている。

た手続を実施する業務だ。AUP報告書には合意した個々の手続の検証結果が記載されるが、総合結論と監査人の意見は記載されない。AUPも保証類似業務として位置付けられる。

（4）アシュアランスの種類によって異なる枠組み

　アシュアランスは企業活動の様々な分野で活用されているが、基本的には、主題情報の信頼性について、第三者が特定の枠組みや基準に従って検証手続を実施する。だが、新しい技術や開示情報については、アシュアランスの枠組みや基準が明確に定まっていない分野もある。

　財務諸表監査の場合は、企業が守るべき会計基準や監査法人等が準拠する監査基準も明確になっている。SOCやISMAPも、それら特有の基準や枠組みが整備されている。

　一方、AI（人工知能）のような新しいIT分野では、技術自体が日々進化している上に、特有のリスク管理やふさわしい内部統制も特定しきれていない。企業が遵守すべきルール、開示基準といった枠組み、企業の体制を第三者が評価する際の基準なども明確になっていない点が多い。

ひと口にアシュアランスといっても、その枠組みや実務は領域によってかなり異なる。枠組みが明確になっていない領域は、アシュアランスを取得する企業側にとっても対処すべき事項が多い。

　しかし、財務諸表監査なら財務諸表の適正性、SOCなら内部統制の有効性といったように、いずれの領域であっても企業の開示情報の信頼性を高め、ステークホルダーに対して説明責任を果たすための重要な役割を持っている。

　次章から「IT領域」「サステナビリティ領域」「新しいIT領域」のアシュアランスの実際を紹介していく。

1　厳密には、経営者の作成した財務諸表が、一般に公正妥当と認められる企業会計の基準に準拠して、企業の財政状態、経営成績及びキャッシュ・フローの状況を全ての重要な点において適正に表示しているかどうかについて、監査人が自ら入手した監査証拠に基づいて判断した結果を意見として表明する。
2　社会一般において、アシュアランスという用語の定義が明確に定まっているものではなく、広義のアシュアランスの定義では、ステークホルダーの要請に応じる形で、組織体のガバナンス、リスクマネジメントおよびコントロールの各プロセスを構築するためのアドバイザリー業務を含むこともあるが、本書では、本文で記載の通りの定義とする。
3　SOC（System and Organization Controls）報告書は、受託会社の内部統制に関わる保証報告書である。報告書の主題と構成によりSOC1、SOC2、SOC3の3つのタイプがある。https://www2.deloitte.com/jp/ja/pages/risk/articles/or/soc-type.html
4　ISMAP（Information system Security Management and Assessment Program）とは政府情報システムのためのセキュリティ評価制度のこと。
5　AUP（Agreed Upon Procedures）とは合意された手続業務のこと。業務実施者が、業務依頼者（主題に責任を負う者、規制当局又は特定の利用者）との間で合意された手続で実施されたもの及びそれに基づき発見した事項を報告する業務。

INTERVIEW

経営者はリスク感度を高めていく必要がある

経営戦略にアシュアランスを生かすために必要なこと

齋藤雅司
有限責任監査法人トーマツ パートナー

トーマツ入社後、デロイト北米事務所赴任を経て、現職。主に、IT領域の財務諸表監査業務、保証業務、アドバイザリー業務に従事。現在、日本を含むデロイトアジアパシフィックにおいて、IT監査業務等に従事する組織をリードしている。米国公認会計士、公認情報システム監査人、公認内部監査人（CIA）、CISSP。共著に『リスクマネジメント 変化をとらえよ』（日経BP社、2022年）

佐々木清隆
**デロイト トーマツ合同会社
上級顧問**

大蔵省（現財務省）入省後、OECD（経済協力開発機構）、IMF（国際通貨基金）職員、金融庁・証券取引等監視委員会事務局長、公認会計士・監査審査会事務局長、総合政策局長を歴任するなど、国内外の金融行政全般に幅広い経験を有する。著書に『グローバル金融規制と新たなリスクへの対応』（金融財政事情研究会、2021年）

　ビジネス環境がめまぐるしく変化している今、社外の専門家の視点で内部統制や情報開示を点検するアシュアランスは、単なるリスク管理だけでなく、持続可能なビジネスモデルを築く上でも必須の要素となってきている。有限責任監査法人トーマツのパートナーである齋藤雅司が、金融行政の立場から企業のリスク管理を監督・支援してきた経験を持つ佐々木清隆氏に、これからの経営戦略を描く上でアシュアランスが果たす役割について、話を聞いた。

ビジネス環境の変化の中で
リスクをどう捉えるか

齋藤雅司（以下、齋藤）　最近の企業不祥事の中には、経営者のリスク感度やコンプライアンス意識に課題があったのではないかと思われるものもあると言われています。金融庁で企業が遵守すべきルールを決める側にいた佐々木さんから見て、今の日本企業、特にリスク管理の領域で何が起きていると捉えていますか。

佐々木清隆（以下、佐々木）　日本でのビジネス課題として長らく指摘されてきたのは少子高齢化、人口減少、マイナス金利やデフレなどでしょう。これが30年近く続いてきましたが、ここ数年の間に様相が変わってきました。

　DX対応はもちろんのこと、企業は環境や社会に配慮した経営を強く要請されるようになりました。加えてロシア・ウクライナ戦争や中東情勢の緊張など地政学リスクが急速に高まっています。経済に目を向ければ世界各国をインフレが覆い、金利は上昇。日経平均株価はバブル後最高値を34年ぶりに更新し、日銀は「マイナス金利政策」を17年ぶりに解除するなど、日本の金融政策も見直されることとなりました。

　経済環境とは急速に変化するものです。1989年にベルリンの壁が崩壊したあと、世界経済のグローバル化が急速に進みました。ところが、今、ロシアのウクライナ侵攻をきっかけに歯車は逆回転を始め、世界は分断に向かっています。

多くの企業は変化に適応すべく構造改革を進めていると思われますが、改革は常に新たな課題やリスクを伴います。これらの課題に対処するのは非常に挑戦的な仕事です。

齋藤　現在のような変化の激しい時代に、経営者が新しいリスクを正確に捉えるのは容易なことではありません。

佐々木　最近、中古車販売会社や芸能事務所、大学と立て続けに大きな不祥事が話題になりました。私の専門である金融分野では、損害保険大手4社に業務改善命令が下っています。主体も中身も異なる不祥事ですが、根本は、新たに生じているリスクの把握と管理に失敗した結果だと捉えています。

　この手の不祥事は挙げればきりがありませんが、憂慮すべき共通点は経営者のリスクに対する感度の低さです。環境の変化に合わせてビジネスモデルや経営戦略を見直すのはいいのですが、戦略を見直せば対処すべきリスクも自ずと変化することに気付いていない。変化を認識せずに事業を進めた結果、潜在的なリスクが不祥事として顕在化しているのだと私は見ています。

　「信用リスク」や「市場リスク」など数値化しやすい外部リスクはまだしも、「コンプライアンスリスク」や「サイバーリスク」といった数値化できないリスクに対する認識は総じて甘く、管理態勢の構築もおろそかになりがちです。法令には抵触しないものの、ステークホルダーの利益を損なう行為（コンダクト）から生じる「コンダクトリスク」など、財務諸表を見ても分からない非財務リスクが広がってきているのです。

齋藤　認識が難しい定性的なリスク、非財務リスクに対して経営者はどのようなスタンスで対処すればよいのでしょう。

佐々木　信用リスクや市場リスクなど名前がついているリスクは、概念も管理手法もある程度確立しています。問題はその周辺に数多く存在する名前のついていないリスクです。さらにその外側には、リスクかどうかさえ分からないリスクも存在します。私はこれを「イシュー（Issue）」と呼

んでいます。気にも留めていなかったイシューが、突然、非財務リスクとして浮上するケースもあります。経営者はリスク感度を高め、こうしたイシューまで視野を広げて注意を払うべきでしょう。

　誰しもリスクなど取りたくないものですが、取るべきリスクを取り、そのリスクを適切に管理することが企業経営には必要です。ところが取るべきでないリスクや取らなくてもいいリスクを取ってしまい、結果的に失敗している事例が日本企業には多いのではないでしょうか。

リスク管理や内部監査を 企業価値向上につなげる

齋藤　経営者が新たな非財務リスクを認識できたとすると、次はそのリスクをいかに管理するかという課題に直面するはずです。大規模組織の財務リスク管理や内部統制、ガバナンスを考える際にはしばしば「3線モデル（Three Lines Model）」が用いられますが、非財務リスクにも適用できますか。

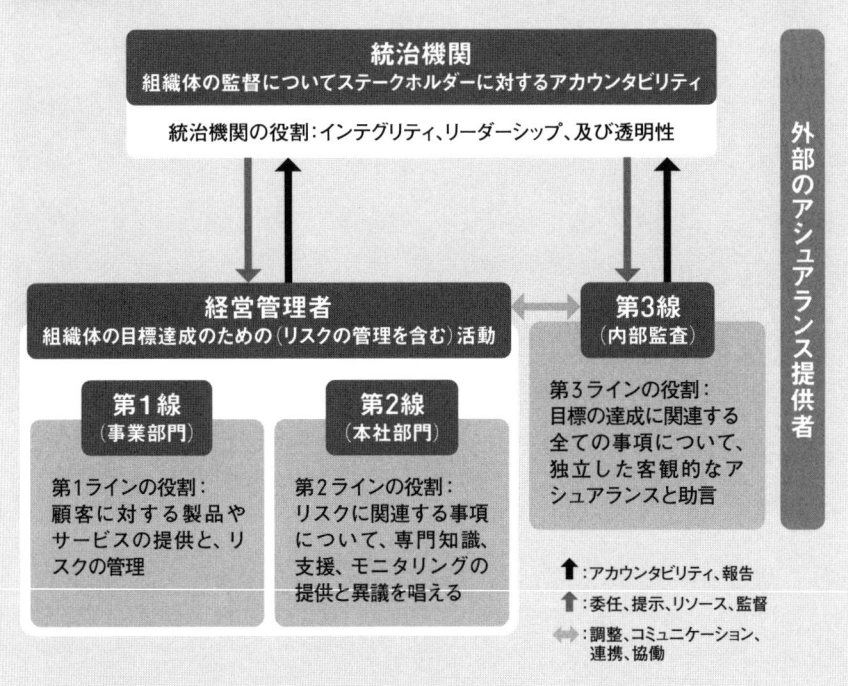

図表1　3線モデルの概要

統治機関
組織体の監督についてステークホルダーに対するアカウンタビリティ

統治機関の役割：インテグリティ、リーダーシップ、及び透明性

経営管理者
組織体の目標達成のための（リスクの管理を含む）活動

第1線
（事業部門）

第2線
（本社部門）

第3線
（内部監査）

外部のアシュアランス提供者

第1ラインの役割：
顧客に対する製品や
サービスの提供と、リ
スクの管理

第2ラインの役割：
リスクに関連する事項
について、専門知識、
支援、モニタリングの
提供と異議を唱える

第3ラインの役割：
目標の達成に関連する
全ての事項について、
独立した客観的なア
シュアランスと助言

⬆：アカウンタビリティ、報告
⬆：委任、提示、リソース、監督
⬌：調整、コミュニケーション、
　　連携、協働

出所：一般社団法人日本内部監査人協会「IIAの3ラインモデル」

佐々木　部門ごとのリスク管理の役割と責任、それらの間の関係を明確にすると同時に、目標の達成と価値の創造に貢献することにも焦点を当てた「3線モデル」は非財務リスクの管理にも適用可能でしょう。

　直接収益を生み出す営業ビジネス部門を第1線と定義し、これらの活動を監視するリスク管理部門を第2線、さらに第1線と第2線の活動を監視する内部監査部門を第3線とします。ここで重要なのは、第1線にこそ、リスク管理の意識が求められるという点です。各線は互いに協力しながらリスクを管理し、共通の目標である企業価値の創造に貢献することを目指します（**図表1**）。

　3線モデルで非財務リスクを明確に定義し、それに対する責任を確立することでリスク管理能力の向上が期待できます。さらに、3線モデルによる管理態勢が堅牢であり、ステークホルダーの期待に応えていることを外

部の視点で検証するアシュアランスを組み入れることも有効です。

　しかし今はまだ、各線が「企業の価値創造」という共通の目標を戴いていることを十分に認識していない。これが現状の課題だと考えています。

　現場（第1線）、管理部門（第2線）、内部監査部門（第3線）のそれぞれがリスク管理意識を高めるのは当然ですが、やはり3線を構築する責任のある経営者こそがリスクの感度を高めなければならないのです。

　本来リスクとは、各社の経営戦略やビジネスモデルから生じるもので、法令等のルールに由来するものばかりではありません。前述のようにビジネスモデルが変われば、当然、リスクの中身も変わります。なのに、そうしたリスクの変質を他人事として捉える経営者が多い。他社の不祥事を耳にした時、それを他人事と捉えるのではなく、その根本原因を洞察し、自分事として捉えれば、多くの教訓を得られるはずです。

齋藤　経営層も含め「リスク対応は第2線、第3線がやればいい」という考え方は、依然存在するかと思いますが、いかがでしょうか。

佐々木　確かに管理部門や内部監査部門は、リスクを管理して組織を守るという防衛的役割（ディフェンス）を果たす部門ですが、重要なのは何のための防衛なのかを意識することです。コンプライアンスのためのコンプライアンス、リスク管理のためのリスク管理のように、「何のため」が欠如してしまい、手段が目的化しているケースを数多く見てきました。

　金融庁で働いていた時、「リスク管理は、金融庁のためにやるのではなく、あなたの会社のために必要なのだ」と企業の方によく伝えていましたが、リスク管理や内部監査とは経営に役立つ重要なものなのだと腹落ちしている経営者は、それほど多くないと感じています。

　現場と対峙するのではなく、一緒になって企業価値向上を目指すのが管理部門、内部監査部門の役割なのだという発想の転換が必要です。しかし、管理部門、内部監査部門の人だけでマインドを切り替えることは難しいでしょう。まず、経営陣が率先して考え方を変えなければなりません。

内部監査とアシュアランスが
社会の信頼の基盤を生む

齋藤 「金融庁などの当局の指示、もしくは社会的なレギュレーションに対応する目的でリスク管理や内部監査を行っている」と考える経営者では、これらの支出は無駄なコストだと認識してしまうのかもしれません。しかし、その本質は企業の価値向上にあるということですね。改めて内部監査の重要性について議論していきたいのですが、内部監査の現状の課題と今後の方向性についてどのように考えていますか。

佐々木 金融庁を退官する直前の2019年6月、「金融機関の内部監査の高度化に向けた現状と課題」というレポートを上梓しました。これは、内部監査の発展段階を4つのレベルで示したものです（**図表2**）。金融機関の多くは、まだ第二段階にとどまっているのではないでしょうか。

　ポイントは、内部監査を、経営に付加価値を与え、企業価値向上に資するものにしなければならないという点です。企業の不祥事が頻発している

のは、経営者が内部監査を軽視した結果だと思います。

　財務諸表監査でも内部監査は非常に重要な要素ですが、今後は非財務情報の保証についての議論が活発化していくでしょう。サステナビリティ情報をはじめとした非財務情報は外部からの評価が難しい面もあります。内部監査でも、もっとやるべきことがあるはずですし、重要度も増していくはずです。

齋藤　内部監査は事後のチェックから、フォワードルッキングな観点で経営陣に有益な示唆をもたらす役割を担うように進化すべきだと理解しました。換言すると、コンプライアンス（ルール遵守）態勢を確認・評価するだけでなく、経営戦略の中核を担う部門に昇格させるべきということですね。一方、内部監査だけでは対応できない課題に対して、外部の視点からのアシュアランスを導入することの有用性は高いと思います。

佐々木　企業は有価証券報告書のほか、様々な情報の開示が求められています。開示は自社の取り組みを表明し、ステークホルダーとのエンゲージ

図表2　内部監査の4段階

段階	内部監査の水準	役割と使命
第一段階（Ver.1.0）事務不備監査	事務不備、規定違反等の発見を通じた営業店への牽制機能の発揮	過去／形式／部分
第二段階（Ver.2.0）リスクベース監査	リスクアセスメントに基づき、高リスク領域の業務プロセスに対する問題を提起	未来／実質／全体
第三段階（Ver.3.0）経営監査	内外の環境変化等に対応した経営に資する保証を提供	
第四段階（Ver.4.0）信頼されるアドバイザー	経営陣をはじめとする組織内の役職員に対し、経営戦略に資する助言を提供	・機動的な監査 ・IT、データの活用 ・企業文化の監査 ・予測と助言

出所：金融庁「金融機関の内部監査の高度化に向けた現状と課題（令和元年6月）」

メントを構築するための大切な手段です。そしてステークホルダーにとって開示内容が信頼に足ることは、非常に重要です。適切な情報開示で社会や顧客から支持を獲得することは持続可能な企業経営の前提条件です。

しかし、企業自身が「弊社の開示内容は真実です」と表明しただけでは信頼は獲得できないでしょう。知見を持つ第三者が客観的な視点で検証する仕組みがどうしても必要です。こうした仕組みがあるからこそ、社会全体の信用の基盤となり得るのです。

　企業に対するステークホルダーの期待の高まりとともに、求められる開示の内容も広がってきています。ただ先ほどもお話ししたように、財務諸表に数字として出てこないような非財務の情報を外部の人間が評価するのは非常に難しい。開示に信頼を付与するアシュアランスは、非財務情報の領域でも重要になってくるでしょう。実際、いくつかの非財務情報開示ではアシュアランスを義務化する動きが出てきています。

デジタル時代のリスク管理とアシュアランス

齋藤　IT分野ではリスク管理が自社だけで完結しないケースが増えています。「個人情報は委託先企業（受託会社）のサーバーで厳重に管理しているはず。ただし、調べたことはない」では、ステークホルダーの信頼は獲得できません。外部依存度は今後も高くなるばかりでしょう。リスク管理の考え方も変える必要がありますが、こうした流れの中でアシュアランスの枠組みはどう生きてくるのでしょうか。

佐々木　経営者は経営戦略やビジネスモデルとアシュアランスを整合的に考える必要があります。先ほども触れた通り、内外環境の急速な変化の中でビジネスモデルや経営戦略を見直すことは必須ですが、それに伴いリスクも変わること、それに対応したリスク管理態勢を見直す必要があること、そしてそのリスク管理態勢が機能しているかを検証する内部監査も見直すことが必要でしょう。特にステークホルダーの範囲が、従来の株主以外にも顧客、取引先、従業員や地域などに拡大しています。それぞれのステー

クホルダーの企業に対する期待も多様化しているため、経営者はより高い
アンテナと感度を持つ必要があるのです。また、高いアンテナと感度によ
って識別したデジタル領域のリスクが、適切に管理、対応できているかに
ついての安心感を得ることは、現状の社内陣容ではなかなか難しいとの課
題感を持たれている経営者の方もいらっしゃいます。そのためにも、アシ
ュアランスなど外部の第三者の視点や意見を活用することは非常に有効で
しょう。

　企業の最も重要な目的は、それぞれの企業の目指すパーパス（存在意義）
の実現、目指す社会課題の解決への貢献です。そのためには収益の向上と、
それに伴うリスク管理のバランスを取り、「持続可能な」ビジネスモデル
を構築することが不可欠です。3線モデルの構築、アシュアランスの活用は、
単なる規制遵守のためのコストではなく、むしろ持続可能なビジネスモデ
ルの構築を通じて企業価値の向上につながるものであることを認識してい
ただきたいと思います。

アシュアランスを社会に 浸透させるためには

齋藤　アシュアランスの枠組みを社会に浸透させていく上で留意すべきポ
イントはどこにあるのでしょうか。①国の制度、②経営者の意識、③ステ
ークホルダーの留意点——という3つの観点から見解をお聞かせください。

佐々木　財務諸表監査のようにアシュアランスの取得を法的に義務付ける
なら、アシュアランスを付与する監査法人やサービスプロバイダーのクオ
リティや規律を担保する法的な枠組みが必要です。例えば、開示方法や範
囲、情報の信頼性にアシュアランスを付与する主体、その主体を規制・監
督する態勢の設計が必要となります。国際ルールとの整合性を確保するこ
とも必要でしょう。社会的な信頼を創造する役割を担うので、何らかの形
で国が関与しなければなりません。これは国の役割であり、国にしかでき
ない仕事です。

　次に、経営者は経営戦略やビジネスモデルとアシュアランスを整合的に

考える必要があります。法令遵守は仕方なくやるものという考えではダメです。その発想では情報開示もアシュアランスも、ステークホルダーとのエンゲージメントさえもコストだという発想に陥ってしまいます。

　繰り返しになりますが、企業の最も重要な目的は持続可能なビジネスモデルの構築です。そのためには収益の向上と社会課題の解決を同時に達成しなければなりません。つまり、サステナビリティとは、ビジネスモデルそのものなのです。こうした発想のもとで経営戦略を議論してほしいと思います。

　最後にステークホルダーには、アシュアランスの品質にもっと注目してほしいと考えています。例えば投資家は財務諸表を基に株式を売買しますが、財務諸表監査の品質にはあまり関心を持っていません。

　粉飾決算が明るみに出た場合、経営者が批判されるのは当然ですが、不適切な監査に対する議論も昔に比べ増加してきています。ただ平時においては財務諸表監査のコストに関心はあっても、その品質に関心を持つステークホルダーは少ないのが実状です。これは本来の姿ではありません。アシュアランスが企業価値向上に貢献しているのか、提供するプロバイダーはどのような品質で実施しているのか、ステークホルダーはもっとアシュアランスの品質に意識を向けてほしいのです。

　特に、アシュアランスの対象が非財務情報に広がれば、顧客、各種取引先、監督官庁など関係するステークホルダーの範囲は格段に広がります。財務諸表監査とはまた違った視点で、高い品質が求められるようになるでしょう。

第 3 章

IT領域のアシュアランス

ブラックボックス化した
IT分野のリスクに対処する

① ビジネスにおけるIT活用の高度化・複雑化に伴い、様々なリスクが顕在化してきている。

② IT領域のリスク対策として活用されている具体的なアシュアランスの枠組みを紹介する。

③ アシュアランスにおける評価手法を比較。自社の事業戦略を立てる上で、最適な評価手法が何かを検討してほしい。

　企業のDXの取り組みが加速する中、クラウドコンピューティング、ビッグデータ、人工知能（AI）、IoT（モノのインターネット）など新しいテクノロジーが次々とビジネスに導入されてきた。こうした新しいテクノロジーは、ビジネスの機会を拡大すると同時に新たなリスクも生み出している。

　IT活用の高度化、複雑化に伴い、自社だけでITを活用したサービスや業務システムを構築することは、ほぼ不可能になってきた。外部のアウトソーシング事業者（受託会社）との連携が必要になるケースがほとんどだが、受託会社の信頼性をいかに担保するかもリスクマネジメントの重要な課題になっている。

　現代のビジネスにおいて、ITの高度活用は競争力の源泉となりうる。だが、ITを高度に使おうとすると、①新しい技術特有の新たなリスク、②受託会社・ビジネスパートナーの潜在的リスクといった、経営者から見えないリスクと対峙しなくてはならない。

　このブラックボックス化したIT活用リスクに対処する方法の一つが、アシュアランスの枠組みだ。本章では、IT分野で必要性が増すアシュアランスの実際を、代表的な枠組みを例にして紹介する。

1 複雑化するIT領域のリスク

　IT活用に際して想定すべきリスクを、SaaS[1]型のクラウドサービスを例に考えてみる。SaaS提供企業は自社でデータセンターを保有していることはあまりない。Amazon Web Services（AWS）やMicrosoft Azureといった外資系企業のクラウドプラットフォームに自社のSaaSサービスを乗せて提供しているケースが多いのが現状だ。この場合、米国のAmazon Web Services, Inc.やMicrosoft Corporationの内部統制を確認するのは困難であることは理解できるだろう。

　クラウドに限らずIT領域においては、サプライチェーンの上流から下流まで、データや業務の流れ、内部統制の整備運用状況などの全てを発注側企業が把握することはまず不可能だ。加えて、社外リソースを活用する際には、以下のような事態が発生しないか注意が必要だ。

・セキュリティを考慮してクラウドサービスのサーバー設置場所を日本に限定していたが、実はバックアップデータは海外に保管されていた。
・開発体制を国内に限定したつもりだったが、再委託先がさらに海外のオフショア開発を利用していた。
・再委託先のセキュリティの脆弱性を狙われてサイバー攻撃を受けた。
・再委託先が反社会勢力だった。
・自社で設置・管理しているサーバーがトラブルで停止したため、メインのクラウドサービスも使えなくなった。

　これらの事態には自社だけでは対処が難しいものもある。こうした事業のブラックボックス化リスクへの対処で有効なのが、アシュアランスの活用だ。現在、IT領域で活用されている主なアシュアランスには、図表3-1のような枠組みがある。その概要と活用方法を解説する。

図表 3-1 IT分野における主なアシュアランス

① SOC：System and Organization Controls
受託会社の内部統制についての保証業務
② ISMAP：政府情報システムのためのセキュリティ評価制度
政府機関等のクラウドサービス調達におけるセキュリティ水準を確保し円滑な導入に資するために、政府が求めるセキュリティ要求を満たしているクラウドサービスを評価・登録する制度
③ AUP（合意された手続）業務
依頼者と報告書の利用者と監査人が合意した手続に基づいて、その手続を実施、結果を報告する業務
④その他の認証系業務
プライバシーマークや ISMS（情報セキュリティマネジメントシステム）認証など

2 | IT領域のアシュアランスの 種類と実際

　ここでは、IT領域のアシュアランスには具体的にどのようなものがあるのか、それぞれの特徴や想定される活用方法を説明する。

(1)SOC：受託会社の内部統制の保証業務

①概要

　SOC（System and Organization Controls）は、企業が業務の一部を委託する先のアウトソーシング事業者（受託会社）の受託業務に関わる内部統制を第三者が検証し、保証を付与する枠組みだ。米国の基準に基づいて設計されており、元々は資産運用（アセットマネジメント）会社の受託業務の内部統制の有効性を保証するために生まれた。2001年から2002年にかけて米国で大規模な会計不正事件が相次ぎ発覚したことでSOCの有用性が改めて注目されることになった。

　米国では一連の会計不正問題への反省から、2002年7月に自社の内部統制を評価し、報告させることを義務付ける「SOX法（サーベンス・オクスリー法）」が制定された。これに倣い、日本でも2008年に内部統制報告制度、いわゆる「J-SOX」が導入されている。

　SOX法（J-SOX）の主旨は上場企業の財務報告の信頼性を確保することだ。内部統制の評価に際しては、自社内の内部統制だけでなく、受託会社の内部統制も評価しなければならない場合もある。だが、グループ企業ならともかく、外部の受託会社に乗り込んで内部統制を評価するのは極めて困難だ。さらに第三者である監査人の検証手続まで受け入れてもらう必要があるとなれば、およそ現実的ではない。

　このような場合に重宝するのが、企業の内部統制の状況とその評価が記載されたSOC報告書だ。第三者である監査人の検証も受けているとなれば、業務を委託する側の企業（委託会社）にとっての利用価値は非常に大きく、委託会社は受託会社の内部統制に対する評価をSOC報告書で代替できる。

②SOC保証業務の流れ

　SOC保証業務の流れを見てみよう。下記のような段取りを踏むのが一般的だ（**図表3-2**）。

ⅰ）委託会社が受託会社に対して業務を依頼する。
ⅱ）受託会社が委託会社に対してサービスを提供する。
ⅲ）委託会社は受託業務の内部統制の有効性を知りたいと考え、受託会社にSOC報告書の取得を依頼。
ⅳ）受託会社は受託業務や内部統制等について記載した「システム記述書」を作成する。
ⅴ）独立の立場である監査人が、システム記述書に記載されている内部統制の有効性を検証する。
ⅵ）監査人が検証の結果をまとめたSOC報告書を受託会社に提出する。
ⅶ）受託会社が委託会社にSOC報告書を提出する。

　SOC報告書を利用しない場合、上記のⅳ）のシステム記述書の代わりに、内部統制についての質問書やアンケートへの回答を受託会社から提出してもらうケースもある。しかし、回答に虚偽や曖昧な点があると実態が把握できない。そのためにSOC報告書では、ⅴ）のような監査人による検証のステップが追加されている。

④SOC報告書を取得するメリット

　ここで改めて、SOC報告書のメリットをまとめておこう。SOC報告書は「SOC報告書を利用する側（委託会社）」と「SOC報告書を取得する側（受託会社）」の双方に、いくつかのメリットをもたらす。

　まず「SOC報告書を利用する側（委託会社）」のメリット。前出のJ-SOXに限らず、企業が外部に業務を委託する際に、受託会社の内部統制の有効性を確認することを社内外から要求されることは意外と多い。

　もし委託会社が受託会社に乗り込んで内部統制を評価することになった場合、実施の依頼やスケジュールなどの各種調整作業はもちろん、評価にあたる委託会社の社員の研修・訓練なども必要だ。その負担はかなり大きなものになるが、受託会社がSOC報告書を取得済みなら、こういった負

図表3-2 SOC保証業務の流れ

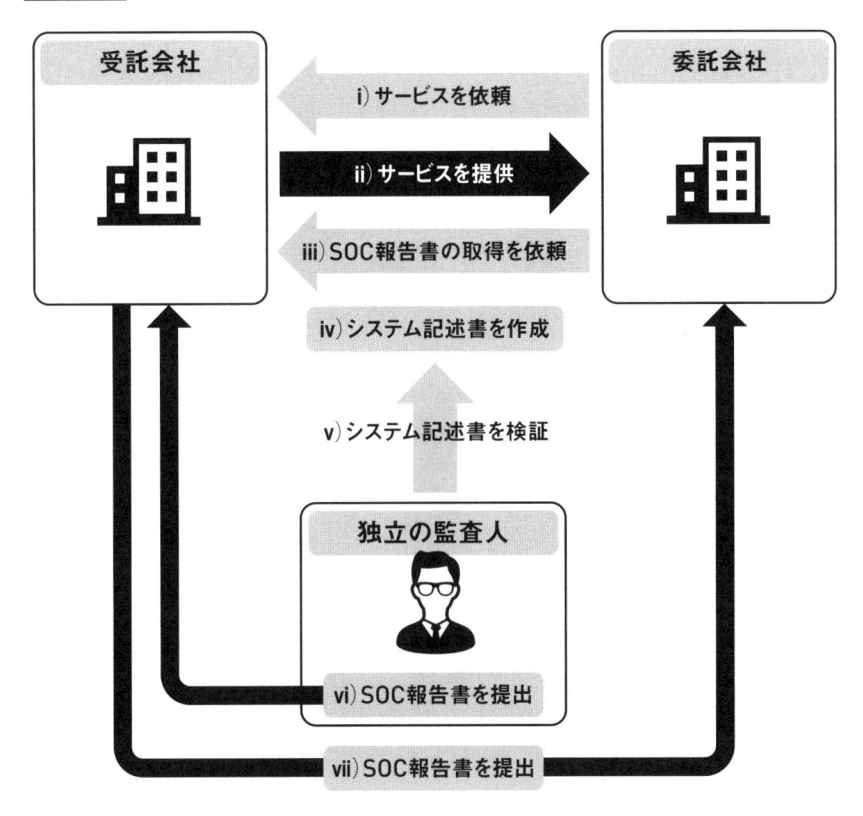

担は発生しないし、社内外からの要求に対応する手間も省ける。

　前述した通り、委託会社は受託会社に対して内部統制を評価するために質問書やアンケートを送ることがある。実務上の理由から質問内容は簡易にならざるを得ないのだが、SOC報告書ならより詳しい内部統制情報を入手できる。昨今、情報漏洩事件が多発しているが、受託会社が委託会社の情報を漏らした場合でも委託会社は管理責任を問われることもある。受託会社からSOC報告書を入手しても情報漏洩を防げるとは限らないが、詳細な内部統制情報を把握できていれば、情報漏洩リスクは低減しやすくなる。

　「SOC報告書を取得する側（受託会社）」には、事務作業の軽減と営業

ツールとしての活用というメリットがある。SOC報告書がない受託会社は、委託会社から内部統制についての質問書やアンケートが届くたびに回答しなければならない。回答にはそれなりの手間がかかるので、問い合わせが多いと通常業務にも支障が出る。SOC報告書の取得もそれなりに大変だが、一度取得してしまえばアンケートが届くたびに回答する手間からは解放される。

最近ではSOC報告書を自社の信頼性をアピールするツールと捉え、積極的にビジネスに生かそうという動きも出てきている。委託会社に要請される前から監査人の検証も受けたSOC報告書を取得し、新規顧客の開拓の際には、このSOC報告書を提示することで自社の信頼性をアピールするのだ。

金融機関や外資系企業を中心に、SOC報告書の提出を取引の前提条件とする企業が増えてきている。そうした企業とのビジネスを拡大したいと考えている受託会社にとっては強力な営業ツールとなるはずだ。

⑤SOC1報告書とSOC2報告書

SOC報告書には、SOC1、SOC2、SOC3の3種類がある。SOC3は報告書の一般公開を前提としており、報告書の内容は簡易的であるためか、あまりニーズがなく、ほとんど利用されていない。ここではSOC1とSOC2について解説する。

SOC1は、受託会社の受託業務のうち、委託会社の「財務報告」に関係する内部統制の有効性を対象とした保証報告書だ。財務報告の信頼性を確保する内部統制報告制度（J-SOX）に対応する際、受託会社の内部統制の評価が必要となったような場合にSOC1報告書を利用することが多い。

SOC2は、主にセキュリティに関連した内部統制を対象とした保証報告書だ。委託会社には、受託会社でセキュリティに関する内部統制が適切に整備・運用されていることを確認したいというニーズがあり、そのニーズに応える制度として開発された。

SOC2では内部統制の規準としてTrustサービス規準（Trust Services Criteria）が定められており、以下の5つのカテゴリーがある[2]。

ｉ）**セキュリティ**：情報及びシステムは、未承認のアクセス、利用、又は

変更から保護されている。

ⅱ）**可用性**：情報及びシステムは、合意した通りに操作でき、利用できる。

ⅲ）**処理のインテグリティ**：システム処理は、完全、正当、正確、タイムリー、かつ承認されている。

ⅳ）**機密保持**：機密とされた情報は、合意した通りに保護される（例えば、指定された方法で暗号化されている。

ⅴ）**プライバシー**：個人情報は「プライバシーに関する追加規準」に定められた規準を満たしており、合意した通りに収集、利用、保持、開示および破棄される。

　SOC制度は米国発祥なので、SOC1もSOC2も準拠する基準・規準等は米国のものが主流だ。しかし、報告書自体を英語で作成する必要はなく、日本では日本語で報告書を作成するケースが圧倒的に多い。さらには、この米国基準と同等の国際基準や日本基準も存在する。日本企業がSOC報告書を取得する際、「取引先は国内企業だけなので日本基準で取得する」といった選択もありうるが、実際は米国基準を選ぶケースが多い。

　なお、SOC1にもSOC2にも、それぞれType1とType2の2種類の報告書がある。Type1は一時点を対象としているのに対し、Type2は一定期間を対象としている。当然ながら「一定期間」の方が「一時点」よりカバーする期間が長くなるため、委託会社としてはType2の報告書を要求することが多くなる。Type1の報告書は、特殊なケースを除き利用されることが少ないのが実情だ。

⑥システム記述書の作成

　SOC報告書を初めて取得する際、受託会社にとって負担が大きいのは「システム記述書」の作成だ。内部統制は「活動」や「体制」であり、それ自体は目に見えない。まずはそれらをシステム記述書という文書にまとめて、目に見える形にする必要がある。そして、監査人はシステム記述書に記載された通りに業務が行われているか否かを検証する。

　例えば、SOC1におけるシステム記述書では、内部統制を「統制目的」と「統制活動」に分けて記載する箇所がある。統制目的とは内部統制によって何を実現したいのかであり、統制活動は統制目的を達成するための手

統制目的	統制活動
データセンターへの立ち入りは正当に認可された適切な個人に制限する。	来訪者は事前に申請して承認を得る。 入館申請書は入館管理部署の課長に送付され、課長は内容を確認して承認印を押印する。 承認後、入館管理部署の事務担当者により入館証が発行され申請者に渡される。 データセンター入口には警備員が配置され入館証の有無をチェックしており、入館証の無い者は入館できない。

段である。統制活動の例としては、承認行為などが挙げられる。

　IT関連の受託会社を例に説明しよう。その企業のデータセンターでは、様々な委託会社の情報システムが稼働している。セキュリティを確保するため、関係者以外はデータセンターに容易に立ち入れないようにしなければならず、来訪者は事前に申請し承認を得なければならないとする。

　このケースでは、統制目的は「データセンターへの立ち入りは正当に認可された適切な個人に制限する」であり、統制活動は「来訪者は事前に申請して承認を得る」となる。

　上記は一例だが、このような統制目的と統制活動の組み合わせを、業務に応じてシステム記述書に記載していかなければならない。システム記述書のボリュームは100ページを超えることも珍しくない。作成初年度の負荷はかなり大きなものとなると覚悟しておいてほしい。ただ、システム記述書を一度作成してしまえば、同一の受託業務について2回目以降のSOC報告書を取得する際には、前回の取得から変更があった部分だけシステム記述書を修正すればいいので、システム記述書作成の負担はかなり減る。一方で、監査人による検証は毎年の更新時に必要となるので、監査人側の負担は初回と2回目以降で大きくは変わらないだろう。

⑦エラーの取り扱い

　監査人はシステム記述書に記載された統制活動について検証し、その結果をSOC報告書に記載する。SOC報告書におけるエラー（システム記述書の記載の通りに統制活動が実施されていない、いわゆる「不備」をこ

図表 3-4 エラーが発生した場合の記載例

統制活動	監査人の検証結果
入館申請書は入館管理部署の課長に送付され、課長は内容を確認して承認印を押印する。	抽出した入館申請書 10 件中2件について、入館管理部署課長の承認印が無かった。

こではエラーと呼ぶ）の取り扱いは独特であることに留意する必要がある。

　SOC報告書においては、エラーを発見した監査人はエラーの原因や重要性を考慮することなく、エラーがあった事実をそのまま記載することが求められている。これは「エラーの重要度は監査人ではなく委託会社が判断するもの」と考えられているからだ。

　監査人の検証を受けなければ、社外に出ることのないエラー情報が委託会社に開示されることになるので、受託会社は入念な準備が必要だと認識しておいた方がいいだろう。

⑧SOC報告書を取得すべき企業とは

　J-SOXへの対応を求められる受託会社以外にも、情報セキュリティ確保の観点から、SOC報告書の取得を希望する企業は増えている。前出の通り、委託会社の要望の高まりや営業ツールとしての活用など、取得のメリットへの理解が深まっているのがその背景だろう。

　ただ、SOC報告書を取得し、維持するためには、それなりのコストがかかる。対象となるビジネスの規模が小さく、取得・維持のコスト負担が大きくなってしまっては本末転倒だ。そのバランスを冷静に見極めながら、取得を検討してもらいたい。

SOC報告書の取得検討はお早めに

デロイト トーマツ グループの中でSOC保証業務を担当している有限責任監査法人トーマツでは、SOC報告書の取得について問い合わせを受けるが、中には以下のようなやり取りも散見される。

受託会社A社（以下、A社）　ある大型案件に当社のクラウドサービスを提案しようと考えているのですが、先方のRFP（Request For Proposal：提案依頼書）に「SOC2報告書のType2を取得していること」という記載があるんですよ。どうしても取りたい案件なので、SOC2報告書のType2を急いで取得したいんですが、お願いできますか？　多少、高くついてもかまいませんので。

トーマツ　提案の締め切りはいつですか？

A社　あまり時間がなくて、1カ月後なんですが……

トーマツ　SOC2のType2は対象期間を6カ月以上にしなければなりません。対象期間をカバーするために検証するサンプル数は全体でかなりの数になります。これから提案と契約書締結、御社のシステム記述書作成、我々の検証と報告書作成にかかる時間を考えると、1カ月以内にお出しすることは極めて難しいと申し上げざるを得ません。

SOC報告書取得についての受託会社からの問い合わせは、普段から監査法人とつながりのある経理や内部監査部門の担当者から多く寄せられるのだが、実際には営業活動の中でRFPを見て慌てた営業部門が背後にいるケースが多い。

RFPでSOC報告書を要求するのは外資系企業が多い。日本法人のIT関連の購買規程が親会社の規程を準用しており、その中に「SOC1またはSOC2のType2を取得しているサービスを選択する」旨が書かれているような場合もある。

外資系の日本法人を顧客にしようとしている日本企業の中には、こういった外資系企業の購買ルールを熟知しており、事前にSOC報告書を取得している企業もあるようだ。受注競争ではSOC報告書未取得の競合企業より優位に立てることになるだろう。

（2）ISMAP（政府情報システムのための セキュリティ評価制度）

ISMAPは、政府が求めるセキュリティ要求を満たしているクラウドサービスを、あらかじめ評価して登録する制度だ。中央省庁や独立行政法人など、政府機関がクラウドサービスを調達する際には、一部の例外を除きISMAPクラウドサービスリストに登録されているものから選ぶことが原則となっている。

①クラウドサービスの浸透とそのリスク

近年、日本におけるクラウドサービスの利用は増加の一途をたどっている。「令和5年版情報通信白書[3]」（総務省）によると、日本のパブリッククラウドサービス市場は2022年には2兆円を超え、今後も引き続き堅調な増加が予測されている。

この傾向は民間企業だけでなく、政府機関等が利用する政府情報システムにおいても同様だ。2018年、政府情報システムを調達する際には、クラウドサービスの利用を第一候補に検討する「クラウド・バイ・デフォルト原則[4]」が示された。この数年で、政府もクラウドサービスを積極的に利用する方針へと大きく舵を切ってきている。

クラウドサービスは、簡単にリソースを増減できるためコストの最適化を図りやすい。また、運用の信頼性も高く、テレワーク環境への柔軟な対応ができることから、組織のIT活用を効率化する手段として、急速に浸透してきている。

その一方で、利用拡大に伴い、クラウドサービス特有のトラブルや障害も多数発生している。例えば、以前大きな話題となったのは、機能のアップデートの際にアクセス権限がリセットされてしまい、外部から見られる状態となった個人情報が漏洩してしまった事例だ。システムの機能追加やバージョンアップが提供企業により頻繁に実施されるクラウドサービスでは、こうしたクラウドサービスの仕様変更の内容やタイミングが、利用者に正確に共有されるかどうか、利用者がその内容を把握できているかどうかが大きな課題となる。

またクラウドサービスでは、データがどの国に保管されているかも重視

される。ある大手メッセンジャーアプリでは、利用者は自身のデータが全て国内に保管されていると思っていたが、実際には海外のデータセンターに保管されているものがあった。その上、他国の受託会社からも利用者のデータを閲覧できる状態となっていたのだ。政府機関等で取り扱う機密情報や、個人情報の保護の観点から、政府が利用ガイドラインを出すまでに進展。そのメッセンジャーアプリの提供企業は、データを国内に移行すると発表するに至った。

クラウドサービスに障害が発生してしまうと、同時多発的に複数の利用者のサービスやシステムがダウンするため、シェアの大きいクラウドサービスではその影響が甚大になるケースも多い。ある大手外食ブランドが、システム障害によって世界中の店舗で注文や決済ができなくなってしまった事例も記憶に新しいだろう。

国境を越えたサービスの提供が当たり前の今日において、個人情報や営業秘密の漏洩、サービスの停止などは、企業経営を脅かすほどの大きなリスクとなり得るのだ。このようなリスクを利用者が適切に管理、モニタリングしながら、その恩恵を受けるためにはどうしたらよいのだろうか。その一助になるのがISMAPだ。

ISMAPは政府機関が情報セキュリティの観点から安心、安全なクラウドサービスを選択できるようにするための安全性評価制度として導入された。2011年に米国で制度化された「FedRAMP[5]」を皮切りに、2013年にイギリスのG-Cloud、2014年にオーストラリアのIRAP、2016年にドイツのC5など、諸外国において政府利用のクラウドサービスのセキュリティ評価の仕組みが続々と制度化された。日本でも2020年からISMAPの運用がスタートしている。

②ISMAPの基本的な仕組み

ISMAPとは、政府が求める情報セキュリティ管理の要求事項を満たしていると国が判断したクラウドサービスを「ISMAPクラウドサービスリスト」に登録する制度だ。政府機関は、一部の例外を除き、このリストを参照して情報システムの調達を検討することが原則となっている。そのため、政府機関が発行する調達仕様書には、ISMAPの登録が必須の要件として記載されることも多くなってきた。

　ISMAPクラウドサービスリストへの登録可否は、制度所管省庁と有識者委員で構成されるISMAP運営委員会が判断する。委員会の事務局は内閣サイバーセキュリティセンター（National center of Incident readiness and Strategy for Cybersecurity：NISC）に設置されており、制度の運用実務についてはISMAP運用支援機関（独立行政法人情報処理推進機構（Information-technology Promotion Agency：IPA））に委任されている。

　クラウドサービス事業者が、自社サービスをISMAPクラウドサービスリストに登録するのに必要な流れは、以下の通りだ（**図表3-5**）。

1. クラウドサービス事業者は、セキュリティ管理策の一覧である「ISMAP管理基準」に基づき、自社における管理策を策定・実施し、その内容を言明書に具体的に記載する。

2. その管理策が実際に整備・運用されているかどうかについて、ISMAP監査機関による「ISMAPにおける情報セキュリティ監査」（以下「ISMAP情報セキュリティ監査」という）を受ける。ISMAP監査機関は、その手続を実施した結果を実施結果報告書にまとめ、発行する。

図表 3-5 **ISMAPの基本的な仕組み**

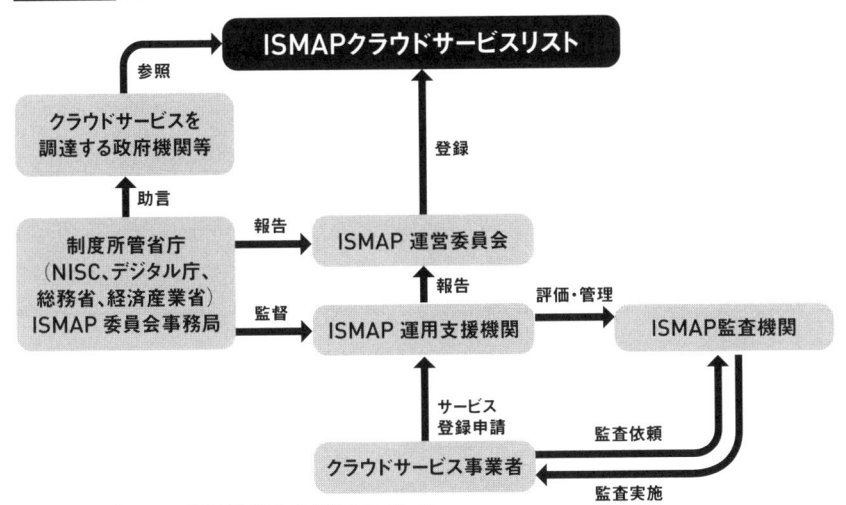

参考：ISMAPポータル、ISMAP概要より筆者が加工して作成

3. クラウドサービス事業者は、ISMAP監査機関から入手した実施結果報告書を含む申請書類一式を揃え、ISMAP運用支援機関に登録申請する。
4. ISMAP運用支援機関が申請書類を確認のうえ、受理し審査する。
5. ISMAP運営委員会が登録可否を判断する。
6. 登録可と判断されれば、「ISMAPクラウドサービスリスト」に掲載される。
7. 登録には有効期限があるため、クラウドサービス事業者は、原則として毎年監査を受け、更新の申請をしなければならない。

③要求されるセキュリティ管理策「ISMAP管理基準」

ISMAPがクラウドサービス事業者に求めるセキュリティ管理策を一覧化しているのが「ISMAP管理基準」だ。ISMAP管理基準は、一般的にISMS認証[6]、ISMSクラウドセキュリティ認証として広く世間に浸透している規格を基礎にしつつも、クラウドサービス特有のリスクに対する要求事項が追加されている。さらには、政府機関等に求められる情報セキュリティ管理に関する対策の基準である「政府機関等のサイバーセキュリティ対策のための統一基準群[7]」(以下「統一基準群」という)などに照らした管理策も取り込まれたものになっている。

例えば、クラウドサービス特有のリスクに対する要求事項としては、クラウドサービスの管理自体がブラックボックス化しやすいことを考慮し、インシデントが起きた時や仕様変更時の情報開示に関する項目が多く追加されている。

ISMAP管理基準は「ガバナンス基準」「マネジメント基準」「管理策基準」の3層から構成される(**図表3-6**)。

最下層の「管理策基準」が、クラウドサービス事業者が具体的なリスクを低減するために達成すべき統制目標や、関連するセキュリティ対策を規定したものだ。アクセス・コントロール、システム運用管理、変更管理、供給者管理、物理セキュリティ管理など、管理策の数は1000を超える。ただ、管理策基準の管理策は選択制であり、これらの全てに対応する必要はない。クラウドサービス事業者はリスク・アセスメントを実施し、リスクに対応する統制目標を特定し、統制目標を達成するための管理策を選択

図表3-6 ISMAP管理基準は3層で構成される

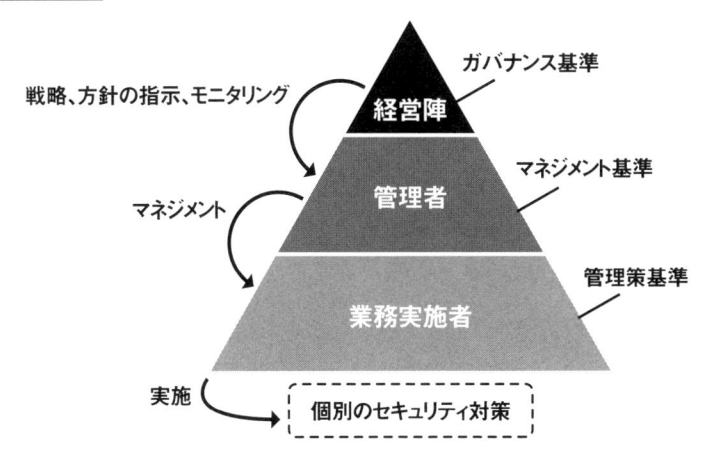

参考：内閣サイバーセキュリティセンター「政府情報システムのためのセキュリティ評価制度（ISMAP）の概要[8]」を筆者が加工して作成[7]

することができる。選択した管理策については、自社サービスにおいて具体的に実施する管理策を文書化し、その実施記録を残すといった丁寧な対応が必要となる。

ISMAPが特徴的なのは、クラウドサービス事業者の経営陣や管理者層による情報セキュリティのガバナンスやマネジメントを非常に重視している点だ。ISMAP管理基準で規定される「ガバナンス基準」は、経営陣に求める管理項目だ。経営陣は、管理者層に情報セキュリティ戦略を定めさせ、リスク・アセスメントやリスク・コミュニケーションを通して、適切な情報セキュリティ管理体制を構築しなければならない。また、「マネジメント基準」は、管理者層が主体となって情報セキュリティ管理のPDCAを適切に実行していくことを要求している。「ガバナンス基準」及び「マネジメント基準」は、自社の都合で項目を選択することはできず、原則としてISMAP管理基準が定める管理策の全てを実施することが求められる（**図表3-7**）。

こうした自社の管理策を策定、実施し、言明書としてまとめるのは非常に大変な作業となる。6カ月から10カ月ほどの時間がかかることも珍しくない。実際にISMAPクラウドサービスリスト登録に向けた作業を開始すると、様々な検討事項が出てくるだろう。疑問点が出てきた場合は、その

図表 3-7 ISMAP管理基準の特徴

	ガバナンス基準	マネジメント基準	管理策基準
概要	情報セキュリティにおける経営陣と管理者層の相互関係に主眼を置いた管理体制を定めた基準	情報セキュリティマネジメントのPDCAを適切に実行するために必要な統制を含めた基準	具体的な情報セキュリティに関わる管理策を定めた基準
管理策数	統制目標 (3桁管理策):5 詳細管理策 (4桁管理策):18	統制目標 (3桁管理策):21 詳細管理策 (4桁管理策):64	統制目標 (3桁管理策):121 詳細管理策 (4桁管理策):1077
言明の対象範囲	原則として全て実施	原則として全て実施	原則として3桁管理策を必須、4桁管理策は選択制として、一部の重要な管理策(末尾にB、PBが付与された詳細管理策)を必須とする。ただし、評価対象から除外した項目については除外理由を言明書に記載する必要がある
登録要件	発見事項がないこと	発見事項がないこと	原則として発見事項がないこと。ただし、軽微な発見事項であればISMAP運営委員会、ISMAP運用支援機関の精査結果次第により登録可能(軽微な発見事項とは、形式的な不備や2カ月以内の改善が見込まれる場合等)

参考:ISMAP管理基準(令和2年6月3日(令和5年9月22日最終改定)、ISMAP運営委員会)、ISMAPクラウドサービス登録規則(令和2年6月3日(令和6年3月1日最終改定)、ISMAP運営委員会)を筆者が加工、加筆して作成

都度ISMAP運用支援機関に照会し、丁寧にコミュニケーションを取ることが肝要だ。

④ISMAP情報セキュリティ監査

　クラウドサービス事業者によって策定された管理策が、適切に整備・運用されているかどうかを、第三者的な立場であるISMAP監査機関が「ISMAP標準監査手続」に基づき手続を実施し、結果を報告する。これを「ISMAP情報セキュリティ監査」という。

　ISMAP情報セキュリティ監査を実施できるのは、ISMAP監査機関リストに登録された組織だけだ。本稿執筆時点(2024年5月)では、5機関

が登録されているが、いずれも監査法人となっている。ISMAP運営委員会は今後、監査法人以外にもISMAP監査機関を広げていく考えだ。

　ISMAP監査機関に登録されるには、組織としての品質管理体制の構築が求められるだけでなく、組織に所属する監査人個人にも様々な条件が求められる。例えば、日本国籍保有のほか、役割に応じた資格、実務経験、研修受講などだ。これらの要求事項については、ISMAP運用支援機関が定期的にその遵守状況をモニタリングすることで、ISMAP監査機関の信頼性を確保する仕組みになっている。

　ISMAP情報セキュリティ監査は、制度が定める各種ルールに基づいて実施されるが、そのルールの一つに「ISMAP標準監査手続」というものがある。監査人が評価の際に実施すべき手続を制度側が定めたもので、恣意的な判断や能力の違いによる手続の品質のぶれを防止し、ISMAP運営委員会が求めるリスク対応の水準を確保することを目的としている。

　この「ISMAP標準監査手続」の中で、管理策ごとに「主たる監査対象」が定められていることも、ISMAP情報セキュリティ監査の大きな特徴と言えるだろう。主たる監査対象とは、一般的に想定される監査手続の実施対象のことで、次の5種類を挙げている（2024年5月時点）。

1. 規程、手順書等
2. 根拠となる文書・記録等①（サンプルテストを実施しないもの。設計書、仕様書など）
3. 根拠となる文書・記録等②（サンプルテストを実施するもの。申請書、承認記録、システムログ、台帳など）
4. 根拠となる設定（パラメーター、ステータス、コマンド等）
5. 設備・建物等

参考：ISMAP標準監査手続（令和2年6月3日（令和5年9月22日最終改定）、ISMAP運営委員会）を筆者が加工して作成

　これらが、1000を超える管理策ごとに指定されており、監査人は主たる監査対象に応じた手続を実施しなければならない。なお、どの管理策に、どの主たる監査対象が具体的に指定されているかは、ISMAP情報セキュリティ監査の実効性を考慮して、ISMAP監査機関にしか開示されていない（2024年5月時点）。

ISMAP標準監査手続の概要

[言明書]

クラウドサービス事業者が、自身の選択した詳細管理策のそれぞれに対して、自身のクラウドサービスにおいて具体的に設計した個々の統制

「規程、手順書等」

「根拠となる文書・記録等①サンプルテストを実施しないもの（設計書、仕様書等）」

「根拠となる文書・記録等②サンプルテストを実施するもの（申請書、承認記録、システムログ、台帳等）」

「根拠となる設定（パラメータ、ステータス、コマンド等）」

「設備・建物等」

主たる監査対象

[ISMAP標準監査手続]

整備状況評価
（時点評価）

情報セキュリティに関する内部統制が管理基準に沿ってデザインされ、実際の業務に適用（実装）されているかを確かめるための評価

運用状況評価
（期間評価）
（原則、1年間）

情報セキュリティに関する内部統制が、手続の対象期間にわたってデザイン通り運用されているかを確かめるための評価

監査技法

質問：関係者に対して口頭又は文書で問い合わせ、説明や回答を求める監査技法。質問は、質問以外の監査技法と組み合わせて利用される

閲覧：紙媒体、電子媒体又はその他の媒体による記録や文書を確かめる監査技法

観察：監査人自らが現場に赴き、目視によって確かめる監査技法

運用状況評価におけるサンプル数

統制頻度	母集団の構成項目数	サンプル数
年次		1
四半期次	4	2
月次	12	2
週次	52	5
日次	250	25
日に複数回	251以上	25

参考:ISMAP標準監査手続（令和2年6月3日（令和5年9月22日最終改定）、ISMAP運営委員会）を筆者が加工して作成

　そのため、クラウドサービス事業者はISMAP管理基準上に規定されている各管理策を丁寧に解釈した上で、自社のセキュリティ管理策を適切に整備しつつ、有効に運用し、その状況を監査人に説明できるようにしなければならない。規程の明文化や実施記録の保管を確実に実施し、しっかりとした体制でISMAP情報セキュリティ監査に臨む必要があるだろう。

　なお、このISMAP情報セキュリティ監査は、ISMAP監査機関がクラウドサービス事業者のセキュリティ管理策の整備・運用状況の有効性を保証するものではない。セキュリティ管理策に関する整備・運用状況について「ISMAP標準監査手続」に定められた手続を実施し、その結果を具体的に記載した報告書を発行するものである。あくまで、ISMAPクラウドサービスリストへの登録の可否を判断するのは、ISMAP運営委員会だと

いうことに留意してほしい。

ISMAP情報セキュリティ監査を実施した結果、管理策で何かしらの不備があった場合は、「発見事項[9]」として実施結果報告書に記載される。クラウドサービス事業者は、その発見事項に対する改善計画書を作成して、ISMAP運営委員会に提出しなければならない。もちろん、この改善報告書の内容も、登録審査時の考慮の対象となる。なお、ISMAP管理基準のうち、ガバナンス基準及びマネジメント基準における管理策では、発見事項（不備）がないことが登録要件とされているので注意が必要だ。

⑤ISMAPの裾野を広げる「ISMAP-LIU」

ISMAPは、IaaS、PaaS、SaaS[10]等のいずれのクラウドサービス形態であっても、データセンターや設備、システム基盤、業務アプリケーションまで、幅広い領域で管理基準への適合が求められる厳格なセキュリティ評価制度だ。しかし、とりわけSaaSにおいては、会議ツールや人事管理システムなど、比較的重要度が低い情報しか扱わないセキュリティ上のリスクが小さいサービスも存在する。こうしたサービスに対して、ISMAPと同様の取扱いを規定することは、過度なセキュリティ水準を求めることになってしまい、政府機関等のクラウドサービスの利用の促進を妨げることにもなりかねない。

このようなリスクの小さい情報を扱う業務[11]向けのSaaSに対する制度として新たに生まれたのが、「ISMAP-LIU」（ISMAP for Low-Impact Use）だ。ISMAP-LIUは、ISMAPと同等の管理基準に準拠することを求めているが、監査対象の範囲を狭めることで、想定リスクに応じた妥当な負担で済むよう考慮されている。ISMAP管理基準の1100以上ある管理策のうち、約5分の1程度まで監査の対象が縮小されている。

ただ、監査対象が縮小されているからといって簡単に登録できるというわけではない点には注意が必要だ。ISMAP-LIUのみに追加された要求事項もある。その一つが、登録を目指すSaaSがISMAP-LIUを適用できる、すなわちセキュリティ上のリスクの小さな業務・情報の処理に用いるクラウドサービスであるかどうかを判断するための「事前申請プロセス」だ。

事前申請プロセスでは、まず、対象となるSaaSを利用したい政府機関等が、そのサービスが取り扱う業務・情報の影響度評価を実施する。その

①	公表を前提とした政策・制度の立案・調整過程等で民間と連携して作業する業務
②	政府機関等職員の業務上の役職・氏名等情報を扱う業務
③	名刺情報等の一般に広く提供する範囲の情報、公開情報の配信に伴う配信先等管理情報を扱う業務
④	民間から提供される情報であり、当該情報提供者が低リスクだと判断している情報を処理する業務
⑤	オープンソース・公知の事実・一般公開情報を扱う業務だが例外的に要機密扱いとする必要がある場合
⑥	災害時等に組織構成員の被災状況確認等を行う業務
⑦	組織構成員に対する組織ルールやビジネススキル等の教育を行う業務
⑧	「行政文書の管理に関するガイドライン」において保存期間1年未満に該当するもののうち、定型的・日常的な業務連絡等を扱う業務

参考:ISMAP-LIUにおける業務・情報の影響度評価ガイダンス（2022年（令和4年）11月1日、NISC・デジタル庁・総務省・経済産業省）を筆者が加工して作成

評価結果をクラウドサービス事業者がISMAP運用支援機関に提出する。

　ISMAP運用支援機関は、そのSaaSの業務・情報に関する機密性、完全性、可用性が侵害された場合の影響度を評価基準に照らして総合的に評価する。そこで妥当と判断されて初めて、次のステップへと進むことができる。なお、本稿執筆時点（2024年5月）において、ISMAP-LIU制度を適用できる「リスクが小さい場合が多い業務（業務・情報の影響度が低位である蓋然性が高い業務）」の例として図表3-9の8類型が示されている。

　ISMAP-LIUでは、クラウドサービス事業者の自発的な統制の整備・運用を促すため、ISMAP管理基準の準拠状況に対する内部監査の実施・報告が求められる。これも負担が増える部分だ。さらには、利用者に重大な影響が及ぶインシデントが発生した際には、サービスの登録を即座に一時停止する規定などが、ISMAP-LIU固有の事項として定められている。

⑥ISMAPの利用の拡大と取得のメリット

　2020年6月の運用開始からの約4年間で、ISMAPクラウドサービスリ

図表 3-10 ISMAPとISMAP-LIUの比較

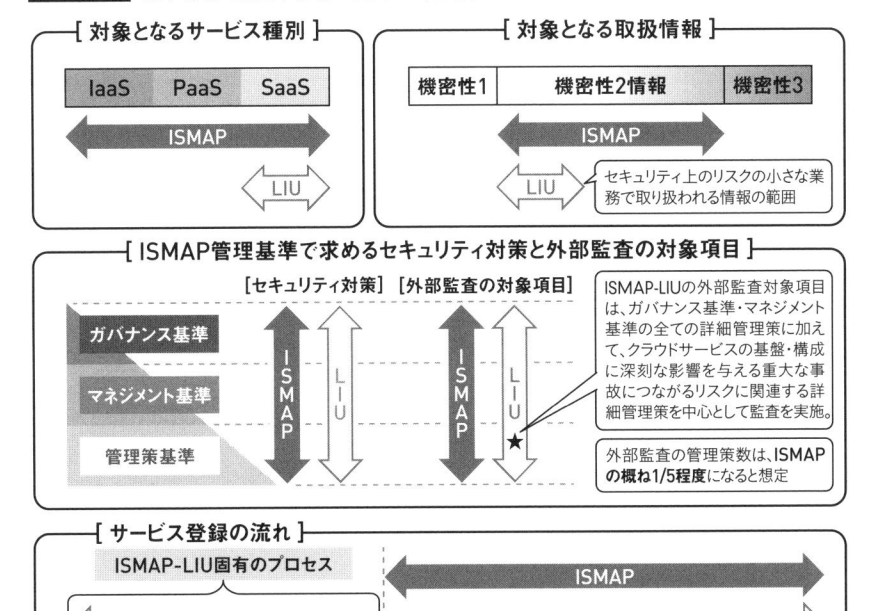

出所：内閣サイバーセキュリティセンター、政府機関総合対策グループ、政府情報システムのためのセキュリティ評価制度（ISMAP）

ストに登録されているサービスは68サービス（2024年5月時点）[12]まで拡大した。当初は「ISMAPを調達条件にするとサービスの選択肢が限られてしまう」「一部のクラウドサービス事業者にロックインされるのでは」などの意見もあったが、最近ではそのような声も聞かなくなっている。

　今後、政府やクラウドサービス利用者のニーズ、クラウドサービスを取り巻く業界動向、サイバーセキュリティ攻撃の動向などに合わせて、ISMAPも進化していく必要があるだろう。実際、ISMAPをより合理化し、制度を柔軟に改善する取り組みも進んでいる。

　ただ、政府機関等におけるISMAP登録済みクラウドサービスの利用状況を見ると、IaaSとPaaSを合わせた割合は90%以上になっているが、SaaSに関しては50%以下だ。まだまだISMAP登録サービスの増加の余

図表3-11 政府機関等が利用するクラウドサービスのISMAP登録率

利用形態	区分	ISMAP登録		対前年比	ISMAP未登録		利用件数	
		利用件数	利用率		利用件数	利用率	計	
IaaS	各府省庁等	133	88%	+21%	18	12%	151	政府機関等におけるクラウドサービスの利用 **60%** （対前年比 +16%）
	独法等	173	92%	—	16	8%	189	
	政府機関等	306	90%	—	34	10%	340	
PaaS	各府省庁等	74	89%	▲ 7%	9	11%	83	
	独法等	30	88%	—	4	12%	34	政府機関等におけるIaaS+PaaSの利用 **90%** （対前年比 +16%）
	政府機関等	104	89%	—	13	11%	117	
IaaS+PaaS 計	各府省庁等	207	88%	+16%	27	12%	234	
	独法等	203	91%	—	20	9%	223	
	政府機関等	410	90%	—	47	10%	457	
SaaS	各府省庁等	105	50%	+11%	105	50%	210	各府省庁等におけるSaaSの利用 **50%** （対前年比 +11%）
	独法等	145	33%	—	288	67%	433	
	政府機関等	250	39%	—	393	61%	643	
合計	各府省庁等	312	70%	+16%	132	30%	444	
	独法等	348	53%	—	308	47%	656	
	政府機関等	660	60%	—	440	40%	1100	

出所：ISMAP制度所管省庁「利用実態調査」、内閣サイバーセキュリティセンター「政府機関等におけるクラウドサービスのさらなる活用について[13]」(2023年11月9日) P.15 〈政府機関等におけるクラウドサービスの利用状況（令和4年10月末時点）〉に引用

地はあり、また、これから新たに生まれるサービスもISMAPへの登録が進むと予想される。ISMAP登録のニーズは今後も拡大していくと思われる（**図表3-11**）。

　総務省、経済産業省、厚生労働省等の各政府機関が発行する情報セキュリティ関連の基準やガイドラインでも、ISMAPに言及される例が増えてきた。例えば、経済安全保障推進法に基づく「特定社会基盤役務の安定的な提供の確保に関する制度」の検討の中でも、ISMAPクラウドサービスリスト登録済みクラウドサービスは、特定重要設備に関する届け出を省略する可能性について言及されている。特定重要設備とは、電気やガス、水道といったインフラ制御システム、鉄道や航空などの運行システムなどといったものだ。政府機関だけでなく、こうした民間のクラウドサービス利

用でもISMAPを活用するメリットが広がりつつある。

　クラウドサービスはそのサービス形態から、利用者からは管理実態が見えにくく、活用しづらい部分があったのも確かだ。しかし、ISMAPのようなセキュリティ評価制度が整備されたことで、利用者はクラウドサービスの利便性を安全かつ安心して享受できるようになった。昨今の複雑化するサプライチェーンの課題をアシュアランスが解決した好例と言えるだろう。

　ある特定の分野で、ISMAP登録サービスがまだない場合、早めにISMAPに登録しておけば、先行者利益を得られる可能性は高い。政府機関に対してクラウドサービスを提供したいと考えている企業は、早めの登録を検討するのもいいだろう。ただ、ISMAPの登録は非常に負荷の大きい作業であり、初回登録コストだけでなく維持コストも発生する。自社の企業体力と狙うビジネス市場の大きさのバランスを考える必要がある。

日本政府のIT関連の予算規模をご存じだろうか。デジタル庁の予算に関する2024年1月9日の日経クロステックの記事を引用する。

デジタル関連予算のうち、最も金額が大きいのが各府省庁の行政システム投資（整備・運用費）だ。2022年度からデジタル庁に集約し、一括計上している。2024年度の一括計上分は4803億円だった。2023年度は4811億円だったため、ほぼ横ばいだった。

システム投資の一括計上の次に大きいのは、防衛省の「サイバー領域における能力強化」で、2115億円を計上した。装備品や施設のインフラなどを含む情報システムのセキュリティーやサイバー分野における教育・研究機能の強化に充てる。

（日経クロステック／日経コンピュータ、2024年1月9日）

行政システムとサイバー分野で合わせて約7000億円の巨大市場に何とか参入しようと日本のITベンダーは奮闘している。これまでは日本企業からの調達が多かったが、政府がクラウド・バイ・デフォルト原則を打ち出して以降、あまり日本での知名度がなかった外資系のITベンダーも虎視眈々と市場参入を狙っている。

この市場に入るためには通行手形がいる。それがISMAPだ。ISMAPクラウドサービスリストの2024年5月時点の登録状況は、日系ITベンダーが27社34サービス、外資系ITベンダーが20社34サービスとなっており、国内勢と米国のビッグ・テックを中心とした海外勢が拮抗した状況となっている。

アシュアランスという観点でも、ISMAPは特に熱い分野となっており、当グループ内でも非常に問い合わせが多い制度だ。

今のところISMAPクラウドサービスリストに登録されているサービスからの調達を求められているのは中央政府や独立行政法人等であり、地方自治体については任意だ。しかし、調達要件に入れる地方自治体も出てきており、今後、地方自治体への広がりも見込まれる。地方に拠点を置くITベンダーもISMAPに対して熱い視線を注いでいる。

（3）AUP（合意された手続）業務

①概要

　これまで紹介してきたSOCやISMAPは、ある程度の認知度もあり、取得や登録の事実を広く対外的に示しやすい制度である。しかしながら、それぞれの基準が定める詳細な要求事項に基づいて決まった評価をしなければならないなど、やや柔軟性に欠ける枠組みと言える。ステークホルダーの関心事によってはSOCやISMAPといった枠組みでの保証・評価が実施できない、または適さない場合がある。例えば、次のような事例だ。

- 独立した第三者による客観的な報告を求められたが監査・保証・評価の枠組みがない、または監査・保証の範囲に含まれていない業務やプロセスである。
- 監査・保証・評価の枠組みはあるが、費用対効果を考慮して、特定のリスクや課題に対応する狭い範囲にのみ焦点を当てたい。
- 特定の関係者との個別の要望も踏まえて、独立した第三者に実施してもらう手続を柔軟に設計したい。

　こうした状況に対して選択肢となるのが、AUP（合意された手続）業務の活用だ。AUPはAgreed Upon Proceduresの略称で、AUP業務とは特定の取引、業務、プロセスに対して外部の専門家が手続を行い、その結果を報告するという枠組みだ。独立性、客観性を確保し、報告された情報の透明性と信頼性を向上させるニーズに応えることができる。報告書の利用者を含む関係者と合意した手続のみを実施するので、柔軟性が高いことも大きなメリットだと言えるだろう。

②IT領域における活用例

　AUPはどのように活用されているのだろうか。AUP業務の具体的な活用方法を示すために、IT領域における架空の事例を以下に紹介する。この事例は、ITサービス事業者が、自社のクラウドサービスの内部管理状況を主要顧客に説明する際、その説明内容の信頼性を高めるためにAUPを活用したものである。

1. 背景

あるクラウドサービスを運営する企業が重大なインシデントを起こしてしまった。有事対応は収束し、再発防止策も講じているが、大口の主要顧客から再発防止策の実施状況について第三者に点検させ報告するように要請があった。

2. 目的

クラウドサービス運用における再発防止策の整備及び運用状況に焦点を当て、クラウドサービス事業者が大口主要顧客に説明した「再発防止に関して整理したルール・手順」と、それがしっかりと実施がなされているかについて確かめること。

3. 手順

「重大インシデント再発防止と発生時の即時対応に関する運用手順」を対象に、ITサービス事業者、IT内部統制に専門性を有する監査人、及び報告先となる主要顧客の3者間で手続を策定し合意した。「合意した手続」には以下を含む。

・IT運用の業界標準を踏まえてITサービス事業者が見直した運用手順の閲覧
・運用手順が実際に業務に適用されていることが分かる証跡の閲覧
・運用手順が継続して遵守されていることを確かめるため合意したサンプリング方法で抽出した証跡の閲覧
・重大インシデント発生時に適時に検知するためのシステム設定値の観察
・重大インシデント発生を想定した報告、対応訓練の計画及び訓練実施状況に関わる文書の閲覧
・システム停止時の代替サイトとして用意された設備の観察

4. 手続の実施

3で合意した手続（文書・証跡の閲覧、サンプルテスト、システム設定値の観察、設備の観察）の通り、IT内部統制に専門性を有する監査人が手続を実施する。

5. 報告書の作成

「合意された手続実施結果報告書」を作成。合意された手続について、手続実施結果が具体的に記載されるとともに、IT内部統制に専門性を有する監査人が記名、押印等をした報告書が作成される。

6. 報告書の利用

　合意された手続実施結果報告書は、手続に合意したクラウドサービス事業者、および手続に合意した大口の主要顧客に提示される。両者は、この報告書に基づいてクラウドサービス運用における再発防止策の整備、運用状況の適切性について自ら結論を導く。

　AUPは、ITサービス事業者と主要顧客の以下のようなニーズを満たすことができる。

ITサービス事業者のニーズ：自ら運営するITサービスのガバナンスや内部統制の状況を自己申告にとどまらず、一定の透明性をもって、規制当局や特定の顧客に対して説明したい。

主要顧客のニーズ：利用するITサービスの特定の領域のガバナンスや内部統制の状況を、監査や保証の経験が豊富な専門家に見てもらいたい。

　AUP実施前は、図表3-12のようにITサービスプロバイダーは顧客が期待するような透明性、客観性の高い報告をするのが難しい状況だった。AUP実施後は、監査法人等の監査・内部統制に専門性を有する第三者が各当事者間で合意した手続を実施することで、顧客に対して、より客観性、透明性の高い報告ができるようになる。顧客はサービス運営状況について安心感を得ることができる。

③AUPを活用するメリット

　AUP業務では、業務実施者（監査法人等）、業務依頼者（監査法人等に手続を依頼する者）、業務実施者以外の実施結果の利用者の3者の間で、特定の業務や情報を対象とした手続について合意形成を図る。業務実施者は、その合意した手続を実施し、実施結果を報告する。法令や規制等に基づいて実施されるもののほか、任意に実施されるものがあり、財務情報のみならず財務情報以外の情報も対象となるのが大きな特徴だ。

　AUP業務では業務実施者の意見や結論までは付されないので、アシュアランスの中でも「保証類似業務」（**第2章41ページ参照**）として位置付けられる。監査の専門性を有する第三者が手続を実施することで、利用者には次

図表 3-12 AUPでサービスの透明性・客観性が向上する

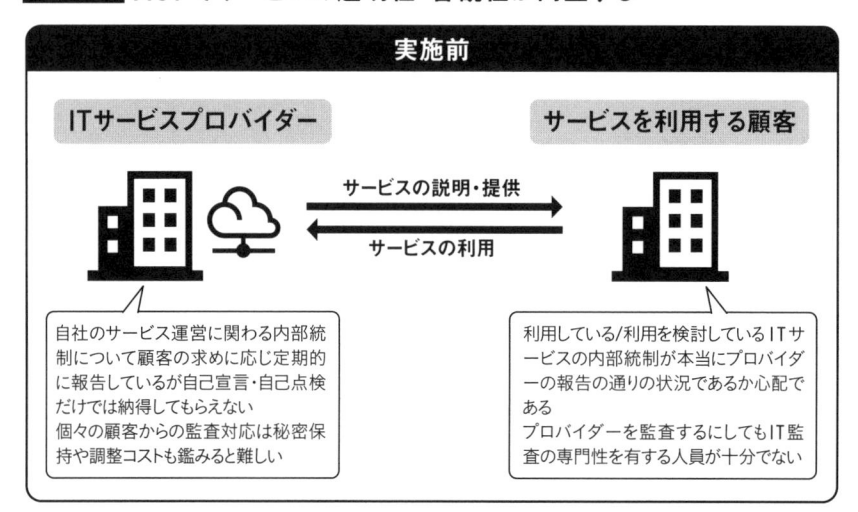

実施前

ITサービスプロバイダー ｜ サービスを利用する顧客

サービスの説明・提供
サービスの利用

自社のサービス運営に関わる内部統制について顧客の求めに応じ定期的に報告しているが自己宣言・自己点検だけでは納得してもらえない
個々の顧客からの監査対応は秘密保持や調整コストも鑑みると難しい

利用している/利用を検討しているITサービスの内部統制が本当にプロバイダーの報告の通りの状況であるか心配である
プロバイダーを監査するにしてもIT監査の専門性を有する人員が十分でない

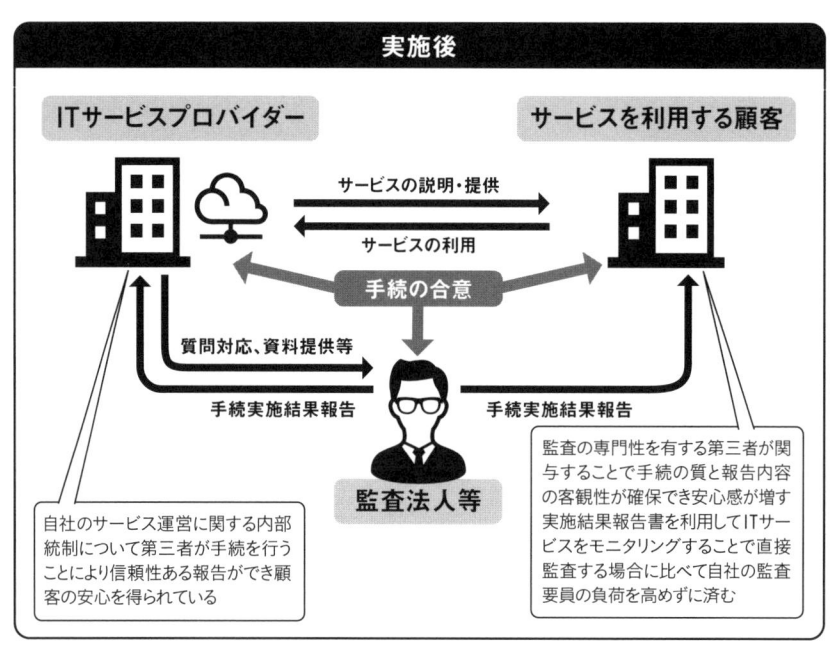

実施後

ITサービスプロバイダー ｜ サービスを利用する顧客

サービスの説明・提供
サービスの利用
手続の合意

質問対応、資料提供等

手続実施結果報告 ｜ 手続実施結果報告

監査法人等

自社のサービス運営に関する内部統制について第三者が手続を行うことにより信頼性ある報告ができ顧客の安心を得られている

監査の専門性を有する第三者が関与することで手続の質と報告内容の客観性が確保でき安心感が増す
実施結果報告書を利用してITサービスをモニタリングすることで直接監査する場合に比べて自社の監査要員の負荷を高めずに済む

のようなメリットをもたらす。

- 監査の経験や知見が豊富な第三者が質の高い手続を実施することで、内部統制、内部管理体制について自己申告より信頼性の高い報告ができる。利害関係者の安心につながる。
- 外部の目が入ることから、合意された手続の対象となる業務を担う者にとって緊張感が醸成される。ルール、手順の明確化、運用上の誤りや不正防止につながる。
- 合意された手続を設計する段階において、多数の企業の内部統制を監査した経験を有する業務実施者とのディスカッションの機会が得られる。またそれを活用して、内部統制や内部管理体制の改善につなげることができる。

　AUP業務自体は改善提案等をするものではなく、改善提案のようなものが報告書に記載されることもない。しかし、実施する手続を決めるにあたって、誤りや不正を防止するための業務手順について、他社の内部統制の状況や関連する基準やガイドラインを知る外部の専門家と意見交換ができるのは貴重な機会といえる。そして、そうしたディスカッションを基に、業務の改善につなげるといったことが行われることも多い。こうした副次的な効果もメリットとして挙げられるだろう。

④AUP業務の対象となる情報

　AUP業務はIT領域に限らず、様々な領域の情報を対象として実施されている。以下の（i）～（iii）に例示したが、これらは一般的な例であり、実際のAUP業務の対象となる情報は、関係者間で合意された範囲に基づくものとなる。

（i）財務情報
財務情報のうち特定の取引や残高について証跡閲覧や突合等の手続を実施する

　買収先の売掛金や棚卸資産の実在性を確かめたい、といった財務デューデリジェンスの一環で実施される場合や、小規模の海外子会社の特定の領

域の取引に焦点を絞って実施するようなケースがある。

(ii)内部統制
特定の業務プロセスにおける内部統制の実施状況を確かめるための手続を立案して実施する

委託先管理の一環で委託業務（例えばITサービスの運用等）について管理手順や運用が的確に行われていることを確かめるために実施するケースがある。

(iii)法令、規制対応
規制当局が法令に基づいて特定の規制業種等に求める報告について規制当局が定めた手続を実施する

金融規制や電気、ガス業界で法令に基づいて監督官庁から求められて実施するケース、政府補助金申請にあたっての投資計画や資金利用報告として、監査よりも簡易な第三者チェックとして監督官庁から求められて実施するケースなどがある。

特定の契約やガイドライン等の遵守状況について確かめるための手続を立案して実施する

個人情報取扱におけるセキュリティやデータ保護の状況を確かめるために実施するケースや、業界団体における自主規制機関等が公表したガイドライン遵守のために整備した管理手続を対象に実施するケースがある。

AUP業務は、財務諸表監査の実施を義務付けられていない事業体が、監査経験・知見を有する第三者に財務諸表をチェックしてもらう手段として活用されてきた。近年では、フィンテック事業者が金融機関からAPI接続の許可を得るなどといった、新しいIT領域での活用事例も増えている。

最近、注目されたのが、暗号資産交換業者の「分別管理」の状況を確認するために使われた事例だ。元々、証券会社や金融商品取引事業者は、顧客の資産と自己の資産を分別して管理する「分別管理」が法令で義務付けられており、ここでもAUPは活用されてきた[14]。それが、暗号資産交換業者まで広がり、ほぼ業界標準となった。こうした新たな領域でAUPが応用される事例は、今後も増えていくと考えられる。

　規制当局等が明示的に報告や準拠を求めるような法令や規制対応等においてもAUPを選択することが認められているものがある。このような場合、規制当局等の要求事項を充足するように、より詳細な実務指針[15]が公表されている。手続を設計する際には、これらを参考にするといいだろう。

⑤AUP業務活用のススメ

　AUP業務はガバナンスを効かせるため、民間事業者、子会社、委託先等をモニタリングする、買収先等を調査するなど様々な目的で活用されている。

　ただし、AUPの実施結果報告書は合意した関係者だけが利用できるという点には留意が必要だ。SOC2であれば報告書は見込み客に提供してもいいことになっている。また、ISMAPは「ISMAPクラウドサービスリスト」に登録されているかどうか、まったくの外部の人間も確認できる。つまりどのアシュアランスを取得したかによって、報告書の利用可能範囲やアシュアランスを受けた事実を公表できる範囲に違いがある。

　では、AUP業務を実施する際は、毎回、個社ごとに合意を取る必要があるのだろうか。実は必ずしもそうではない。同じようなAUP業務を必要とする企業が、業界団体などを作って取りまとめをし、その業界団体と合意を結ぶことで個社ごとに合意を取る手間を省くケースもある。これも、AUP業務の柔軟性の高さだと言えるだろう。

　AUP業務がもたらす基本的な価値は、手続を実施する対象の専門性（監査、会計、セキュリティ等）を有する者による、客観性や透明性を高めた信頼性の高い報告ができる点にある。

　その上で、保証意見が表明されないAUP業務が選択されるのは、概ね次のような状況のいずれかに当てはまる場合になるだろう。

- 意見や保証までは求めていないが第三者にチェックしてほしい。
- 規制当局や委託元が直接監査するリソースが割けない。
- 委託先が規制当局や委託元による直接監査を受けたくないが、第三者にチェックを受けた結果の報告であれば許容可能。
- 保証するにしても適切なフレームワークや規準が存在しない。
- 意見や保証まで求めた場合にコストがかかるため、よりリーズナブルに

領域を絞ってチェックしたい。

・ 報告書の利用者が特定でき、実施する手続も合意できる状況にある。

・ 業務依頼者の関心領域に応じて柔軟に手続を設計したい。

　AUP 業務が活用される領域は広がりを見せており、今後も新たな規制やコンプライアンス対応が求められるようになるたびに、その適用領域は拡大していくと思われる。より透明性・客観性の高い報告要求に応えるべく、AUP 業務を活用いただければ幸いである。

COLUMN AUPならチェック項目を「アラカルト」で選べる

これまであまり活用されてこなかったAUPだが、将来的には最も利用拡大が見込まれるアシュアランスだ。最大の特徴は、依頼者と報告書の利用者と監査人が合意すれば、自由に手続の内容や数を決められるところだ。

例えば、ある企業で重大な個人情報漏洩が起きたとしよう。事故を起こした企業は監督官庁から状況報告だけでなく、今後の再発防止策を強く求められるだろう。だが、とにかく急いで報告しないといけない。幸い影響範囲は限定的だったので改善にはそれほど時間はかからない。とはいえ、自分たちで「改善しました」と言うだけで監督官庁に信じてもらえるかどうか心許ない。監督官庁も「第三者のチェックを受けていればなおよし」と言っている。

このようなケースにはAUPが最適なソリューションとなる。SOCなどその他の保証業務では、保証基準に則り、大掛かりな検証を受けなくてはならない。特定のステークホルダー（監督官庁）向けに、特定の項目（個人情報管理）だけのチェックを受けるにはボリュームが多すぎる。アラカルトでほんの数品注文して食べたいだけなのに、ボリューミーなフルコースを注文するようなものだ。AUPなら利用する規準も自由に選べるし、複数の規準から利用したいところだけを選択することもできる。

ただ、AUPの知名度が低いためか、トラブルに遭遇した企業からの問い合わせは、SOCなど他の第三者保証サービスに関する内容が多い。AUPは非常に使い勝手の良い枠組みなので、企業にはもっと活用してもらいたいところだ。

（4）情報セキュリティやプライバシーに関する認証

2005年の個人情報保護法施行以降、個人情報や機密情報を扱う企業は情報セキュリティ確保に注力してきた。企業はプライバシーマークや情報セキュリティマネジメントシステム（Information Security Management System：ISMS）といった認証の取得に躍起となり、認証取得企業の数は増加の一途をたどっている。

最近では後述するDX認定制度や情報セキュリティ格付といった新しい制度も始まり、認証は企業の情報セキュリティ管理レベルに一定の信頼を与えるものになっていると言えるだろう。特にISMS認証の取得などは、委託業務を受注する上での条件になっていることも多い。

その一方で、認証を取得している企業でも情報漏洩事故が発生している。認証は保証と比較して取得難易度が高くないことが漏洩事故発生の背景にあると思われる。また、監査人による主題情報に関する意見表明や個別の検証結果の記載もないため、アシュアランスにおいて認証はこれまで語ってきた「保証業務」や「保証類似業務」には属さない立ち位置にある。

ここではプライバシーマークやISMSといったIT分野における認証の現状と、マネジメント層の説明責任のあり方について解説する。

①代表的な認証制度
1. プライバシーマーク認証

プライバシーマーク制度は、インターネットや情報技術の発展に伴い個人情報保護が強く求められる状況下で、一般財団法人日本情報経済社会推進協会（JIPDEC）が個人情報保護法施行よりも早い1998年に創設し、運営している認証制度である。企業が認証を得るためには、日本産業規格JIS Q 15001に準拠した「プライバシーマークにおける個人情報保護マネジメントシステム構築・運用指針」に基づいて、個人情報の適切な保護措置を整備し、運用する必要がある。

個人情報の適切な保護措置は、取得・利用、適正管理、第三者提供、開示のステップから構成される。企業は個人情報の適切な保護措置を整備、運用した後、プライバシーマーク指定審査機関による審査を受け、プライバシーマークの認証を取得することができ、事業活動でプライバシーマー

図表3-13 プライバシーマーク認証取得の手順

	取得・利用	適正管理	第三者提供	開示
管理策	■取得・利用する際に遵守すべき事項 利用目的の特定 本人の同意　等	■セキュリティの確保 安全管理措置 委託先の監督 漏えい等の報告等	■第三者提供する際に遵守すべき事項 第三者提供の制限 提供時の本人同意等	■開示する際に遵守すべき事項 開示する際の手続 苦情相談窓口等

クを利用することが可能となる。

　プライバシーマーク認証取得企業は約1万7000社（2024年1月時点）で、IT関連の認証としては最大規模となっている。認証取得企業は個人情報を適切に取り扱っていることを対外的に表明していることとなり、社会的な信用を得ることにもつながっている。

2. ISO／IEC27001認証（ISMS認証）

　ISO／IEC27001認証は、国際ISO規格ISO／IEC27001に準拠していることを認証する制度だ。日本企業がISO／IEC27001認証を取得するには、一般社団法人情報マネジメントシステム認定センター（ISMS-AC）が運営している「情報セキュリティマネジメントシステム（ISMS）適合性評価制度」で認証を取得するのが一般的である。

　ISMS適合性評価制度は、国際的に整合性のとれた情報セキュリティマネジメントに対する第三者認証制度で、日本の情報セキュリティレベルの向上に貢献している。

　ISO／IEC27001規格では、情報セキュリティに関する技術管理策だけではなく、組織体制の整備や教育・訓練といった組織的管理策・人的管理策、オフィスやサーバールームのセキュリティ対策に代表される物理的管理策も対象としている（**図表3-14**）。さらに、これら情報セキュリティ対策をPDCA（Plan、Do、Check、Action）サイクル（**図表3-15**）で運用していくことが重要であり、実施している情報セキュリティ対策の実効性を評価し改善していくことが求められる。

　ISO／IEC27001認証を取得する際は、ISMS-ACが認定する認証機関による審査を受けて認証登録される。ISO／IEC27001認証取得企業は、

情報セキュリティ対策	管理策
組織的管理策	37
人的管理策	8
物理的管理策	14
技術管理策	34

図表 3-15 ISMSのPDCAサイクル

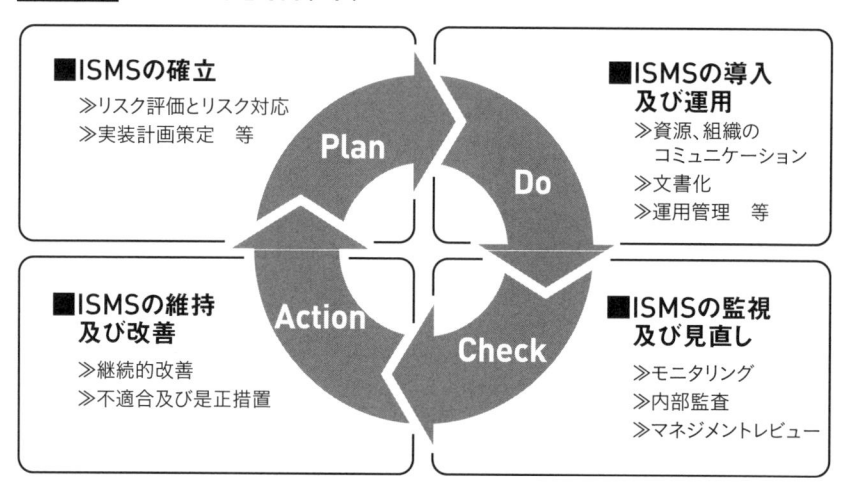

7600社を超えており（2024年1月時点）[16]、企業の情報セキュリティ意識の高まりと認証取得の重要性がうかがえる。

3. DX認定制度

　DX認定制度は「デジタルガバナンス・コード」の基本的事項に対応する企業を経済産業省が認定する制度であり、IPAが認定審査業務を行っている。

　「デジタルガバナンス・コード」は、様々な要素がデジタル化されていく環境変化の中、持続的な企業価値向上に向け経営者が実践すべき事項をまとめたものである。デジタルガバナンス・コードに示されているDX認定の認定基準は6つの章から構成されている（**図表3-16**）。

図表 3-16 DX認証制度の概要

章立て	認定基準
1. ビジョン・ビジネスモデル	デジタル技術による社会及び競争環境の変化の影響を踏まえた経営ビジョン及びビジネスモデルの方向性を公表していること。
2. 戦略	デジタル技術による社会及び競争環境の変化の影響を踏まえて設計したビジネスモデルを実現するための方策として、デジタル技術を活用する戦略を公表していること。
2-1. 組織づくり・人材・ 企業文化に関する方策	デジタル技術を活用する戦略において、特に、戦略の推進に必要な体制・組織及び人材の育成・確保に関する事項を示していること。
2-2. ITシステム・ デジタル技術活用環境の 整備に関する方策	デジタル技術を活用する戦略において、特に、ITシステム・デジタル技術活用環境の整備に向けた方策を示していること。
3. 成果と重要な成果指標	デジタル技術を活用する戦略の達成度を測る指標について公表していること。
4. ガバナンスシステム	経営ビジョンやデジタル技術を活用する戦略について、経営者が自ら対外的にメッセージの発信を行っていること。経営者のリーダーシップの下で、デジタル技術に関わる動向や自社のITシステムの現状を踏まえた課題の把握を行っていること。戦略の実施の前提となるサイバーセキュリティ対策を推進していること。

　DX認定制度取得企業は税制支援や金融支援、人材育成に対する支援等の支援措置を受けることができることも企業にとってはメリットであると言える。2024年8月時点で取得している企業は約1100社[17]と、プライバシーマークやISO／IEC27001と比べて少ないが、これは2020年のスタートからまだ日が浅いためと思われる。

4. 情報セキュリティ格付

　情報セキュリティ格付は一般社団法人日本セキュリティ格付機構が創設、運営している。主に漏洩事故などが起きないかどうかの観点でセキュリティレベルを格付けする制度だ。

　ISO／IEC27001認証がISMSの運用、すなわちPDCAサイクルが適切かつ継続的に運用されているかという観点で審査されるのに対し、情報

セキュリティ格付は企業のセキュリティ水準をランク付けしている。PDCAサイクルの運用に加え、脅威に対する対策の強度、コンプライアンスへの取り組みといった視点から総合的に判断し、17段階の符号で表している。

　情報セキュリティ格付の審査を受け、自社が17段階のどこに位置するかを把握し、社外へのアピールができるメリットは大きい。また、他社と比較した自社の立ち位置や、前年度の自社のセキュリティ強度と比較することで、セキュリティ意識の向上を実感できるのも、この制度の利点と言えるだろう。

②認証とセキュリティ・インシデント
1.　認証取得企業のセキュリティ・インシデント発生実態

　IT、セキュリティに関する認証取得企業が増加する一方、認証取得企業でのセキュリティ・インシデントも多く発生している。

　JIPDECは、プライバシーマーク認証取得企業におけるインシデント発生状況を毎年集計して公表している。その最新版である「2023年度個人情報の取扱いにおける事故報告集計結果[18]」によると、2023年4月から2024年3月の1年間で1952社、9208件のセキュリティ・インシデントが報告されている。

　着目すべきはセキュリティ・インシデント発生社数の多さだ。1952社ということは、認証取得企業数全体、約1万7000社のうち約11％の企業でセキュリティ・インシデントが発生していることになる。

　また発生事象の内訳をみると、誤配達・誤交付、誤送信、紛失といった事象で66％を占めており、原因としてはルール違反や作業ミス、確認不足といったオペレーションミスが63％となっている。

　昨今、サイバーセキュリティリスクが経営上の重要リスクの一つとして認識されているが、セキュリティ・インシデントという観点では、不正アクセスやマルウェア、ウイルス感染といったサイバーセキュリティ・インシデントよりも、日常のオペレーションミスに起因するセキュリティ・インシデントが多い状況と言える。

2.　セキュリティ・インシデント発生の背景

　プライバシーマークやISO／IEC27001といった認証は、PDCAサイ

図表3-17 企業によって実施する対策のレベルは異なる

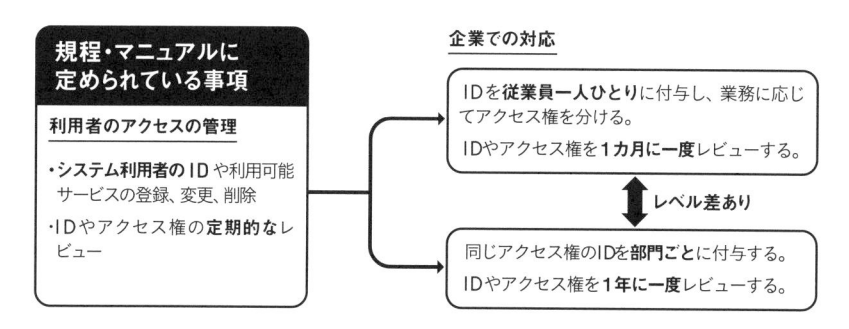

クル等のマネジメントシステムを整備し、自社で制定した規程・マニュアルに従ってオペレーションしていることを審査され、認証取得していくことになる。一方、認証の拠りどころとなる規格、JIS Q 15001やISO／IEC27001では、詳細なセキュリティ管理策は定められておらず、セキュリティ対策レベルの設定は各企業にゆだねられている（**図表3-17**）。

セキュリティ対策のレベルが低いと、セキュリティ・インシデント発生リスクを十分に低減することができない企業や、認証取得自体が目的となってしまっている企業では、マネジメントシステムや規程、マニュアルといった仕組みを整えただけで満足し、運用が伴わずルールが形骸化してしまっていることも考えられる。

③保証とマネジメント層の責任

1. 認証から保証へ

認証取得企業で、これほどまでにセキュリティ・インシデントが多発していることを考えると、認証取得は企業にとって意味がないと思われるかもしれない。ただ、規格に準拠して規程やマニュアルを作成し、運用されているという点では、一定の仕組みは整えられており、セキュリティ対策としての意味はあると言える。

しかし、個人情報保護や情報セキュリティが注目されていた時代から、デジタル技術の進展やサイバーセキュリティリスクの増大といった現代への変化を踏まえると、認証取得だけではセキュリティ・インシデントの発生リスクを低減できないことも確かだ。

例えば、かつてのISO／IEC27001認証では、仕様書などの紙の書類をキャビネットに保管し施錠することで情報漏洩を防ぐという項目もあった。その後、USBストレージの管理などに変化していったが、クラウド時代の今、そうしたルールはあまり意味を持たなくなってきている。技術の発展により求められる対策が変化しているのだ。

　さらに上のレベルでセキュリティ・インシデントに対応できる自社の内部統制を確立したいということであれば、「認証」ではなく、より深くセキュリティ実装レベルを検証する「保証報告書」を取得する必要があるだろう。

　保証報告書の取得には相応のコストがかかるが、セキュリティ・インシデントで生じる直接的・間接的な費用（収入減）、レピュテーション被害を考えると、企業の規模にもよるが、保証報告書を取得する方がコスト効率は良くなる場合も多いと考えられる。

　とはいえ、ISO／IEC27001認証を取得していない企業が、いきなりSOCなどの保証を取得しようとするのは得策ではない。規程やマニュアルが何もなく、情報セキュリティマネジメントに対する意識が根付いていない状態では、保証報告書を取得することは非常に困難だ。

　ISO／IEC27001認証においても、一つひとつの項目にはきちんとした意味があり、形骸化させずに社内ルールとして定着させるにも、長い時間がかかるだろう。まだ規模の小さな企業は、まず認証を取得してしっかりとした運用を定着させ、情報セキュリティマネジメントに対する企業文化を醸成した上で、保証報告書の取得へとステップアップするというのが現実的だ。

2.　マネジメント層における説明責任

　マネジメント層の視点に立つと、セキュリティ・インシデントの発生は、企業のレピュテーションに影響し、業績の悪化につながりかねない重要事項である。認証を取得している場合でも、それに満足することなく、日々進化するセキュリティリスクに対応していくことが必要である。

　前述の通り、個人情報保護や情報セキュリティのみならず、サイバーセキュリティリスクも対処すべき重要な経営課題となってきている。セキュリティ全般について自社の状況を毎年評価していくことが企業に求められる。

　繰り返しになるが、認証の拠りどころとなるISO／IEC27001等の規格では、詳細なセキュリティ管理策が定められていない。そのため、セキュリティレベルは企業ごとに異なっているのが現状だ。詳細な管理策を定めている公的基準を用いた評価を実施することで、最新動向に照らした自社の状況を把握し、必要な手を打つことが可能となる。

　ITサービス等を事業としている企業は、自社が運用しているサービスのセキュリティ、プライバシー等に関連する内部統制について保証報告書を取得し、対外的に説明責任を果たしていくことが重要だろう。前述の通り、保証報告書を取得するための手続は認証取得よりも検証の深度が深く、信頼度がより高いと言えるだろう。

　セキュリティリスクに対するマネジメント層の説明責任のあり方としては、認証の取得にとどまらず、自社の状況を定期的に把握して必要な対応を実施していくことが求められる。高いレベルのセキュリティ対策を構築するためにも、保証報告書の取得は大きな意味を持つ。

3 アシュアランスにおける評価手法の比較

　アシュアランスにおける評価の手法を比較することで、各手法の特徴が深く理解できるだろう。最適な評価手法を選択する一助としてほしい。

　いずれの手法も、組織のプロセスや業務に対して評価や点検等を行い、実施結果の情報を提供することで情報の信頼性を高め、業務の質の向上、コンプライアンス要件の対応に資するものであるが、各手法の特徴や内外からの要求事項を踏まえて、どの手法を選択するのか、または組み合わせるのかを決めることとなる。

　主要な評価・点検手法を、筆者のこれまでの経験を踏まえて図表3-18としてまとめた。この図表では、評価・点検手法の比較のため、本書で「アシュアランス」の定義に含めていない自己点検や内部監査、助言型監査と、「アシュアランス」の定義に含めている合意された手続（AUP）、監査・保証業務（SOCはこれに含まれる）を取り上げている。

　なお、個別のケースにおいて右表の特徴に当てはまらない場合があるが、その点は了承いただきたい。

　外部の第三者からの監査等により透明性、客観性の高い報告を受けるような要請をステークホルダーから受けた場合、図表3-18にある、評価・点検手法から「監査・保証業務」「助言型システム監査」「合意された手続（AUP）業務」のうちどれを選択すべきだろうか。選択にあたっては、規制・制度上の要求事項、ステークホルダーの期待や懸念、監査を実施する目的、コストや時間を考慮して決定することになる。

　システムやプロセスの有効性、効率性、安全性の観点で改善のための助言を求める場合においては、「助言型システム監査」が適しているが、ここでは基本的に、発見事項（不備）と改善提案が報告されるのみで、どのような手続を整備、運用し、何ができていたかについては、通常報告はなされない。従って、ステークホルダーに対して、主要な基準等への準拠や、実施すると自社で宣言していることがきちんとできているかについて、第三者から報告を受ける場合は、保証類似業務に含まれる「合意された手続（AUP）業務」か、「監査・保証業務」のどちらかを選択することになる。

図表 3-18 評価・点検手法の比較

	自己点検 (Self-Assessment)	内部監査 (Internal Audit)	合意された手続 (Agreed Upon Procedures)	監査・保証業務 (Audit and Assurance Services)	助言型監査 (Advisory or Consulting Audit)
実施方法	自らの業務やプロセスを評価	組織内の専門的な監査部門による評価	外部の第三者が業務依頼者や実施結果の利用者と合意した手続を実施	独立した第三者が手続を実施し意見や結論を表明	助言やコンサルティングを提供する形での監査を実施
主な特徴 主目的	内部改善、ルールの再認識	組織のリスク管理、内部統制評価	特定の業務やプロセスに焦点を当てた第三者による報告	特定の主題全体に関する網羅的な検証と意見表明	第三者目線でのアドバイスや改善提案
独立性	無	一定程度有	有	有	一定程度有
範囲や手続の決定	自社ルールに則って実施	内部監査部門	関係者間で合意して決定	独立監査人	範囲はクライアントが提示し、手続は監査人が提案しクライアントと合意することが多い
手続の柔軟性	有	有	有	無	有
包括的な意見表明	無	監査テーマによる	無	有	無
実施結果の利用者	自社内	通常は自社内、親会社等	合意された手続業務契約書で特定した組織に限るのが通例	監査・保証の種類により異なるが広範にわたる場合が多い	自社内
コスト・時間	低	中	中（手続次第）	高	中

　多数のステークホルダーに対して、広範な範囲で信頼性を保証することが求められる場合には、財務報告の信頼性や、情報セキュリティ規準への準拠といったような特定の主題に関連する情報全体について、独立した監査人の監査を受けて意見表明された報告書を取得した方がいいため「監査・

保証業務」が適している。また、意見や結論が表明されるため、報告書として分かりやすく利用しやすい。

　手続面においては、「監査・保証業務」は意見形成のために十分かつ適切な監査証拠が求められ、監査手続を業務依頼者の意思で柔軟に変更依頼することが難しい。また、対象となる業務にもよるが、「合意された手続（AUP）業務」に比べてコストや時間を要することが多いと言われている。

　一部の主要顧客や特定の規制当局など、限られた関係者の関心領域や特定の要求事項を対象に、必要と考える手続のみに絞って第三者に実施させたいような場合や、監査・保証の枠組みがないような領域においては、関係者が手続の設計に関わり、柔軟に手続を設計できる「合意された手続（AUP）業務」が適している。こちらは、意見や結論が表明されないため、合意された手続とその実施結果の記載を利用して実施結果の利用者が自ら結論を導く必要がある。手続を柔軟に設計できるため、ステークホルダーの関心領域を考慮して手続を絞り込んで設計したり、年度によって手続をローテーションしたりするなどして、コストや時間を削減する余地がある。ただ、手続の数が多くなるような場合には、コストと時間は「監査・保証業務」と同等程度かかってくる場合もある。

　このようなそれぞれの特徴を参考に、ステークホルダーの期待、関係者で手続を合意できるかどうか、適用される法的要件や業界の規制や監査の枠組みの有無、具体的な調査の目的や範囲などを考慮して、最適な手法を検討してほしい。

1 SaaS:Software as a Serviceはクラウドサービスの一種。サービス提供事業者のサーバー上で動いているソフトウェアを、ユーザーがインターネット経由で利用する。

2 5つのカテゴリーの説明は、AICPAが公表している「Trust Services Criteria for Security, Availability, Processing Integrity, Confidentiality, and Privacy」のTrust Services Categoriesを参考に表現を簡略化して記載している。原文についてはAICPAのWebサイト（https://www.aicpa-cima.com/resources/download/2017-trust-services-criteria-with-revised-points-of-focus-2022）から取得可能である。また、日本公認会計士協会が参考訳（https://jicpa.or.jp/specialized_field/ITI/2022/20221228tzq.html）を公表している。

3 総務省「令和5年版情報通信白書」。https://www.soumu.go.jp/johotsusintokei/whitepaper/ja/r05/pdf/index.html

4 本原則についてはデジタル社会推進標準ガイドラインのDS-310「政府情報システムにおけるクラウドサービスの適切な利用に係る基本方針」に記載されている。https://www.digital.go.jp/resources/standard_guidelines

5 Federal Risk and Authorization Management Program (FedRAMP)はクラウドの製品やサービスに対するセキュリティ評価、認証、継続的監視に関する標準的なアプローチを提供する米国政府のプログラム。https://www.fedramp.gov/program-basics/

6 ISMS（情報セキュリティマネジメントシステム）。個別の問題ごとの技術対策の他に、組織のマネジメントとして、自らのリスクアセスメントにより必要なセキュリティレベルを決め、プランを持ち、資源を配分して、システムを運用すること。https://isms.jp/isms/

7 「政府機関等のサイバーセキュリティ対策のための統一基準群」。政府機関等の情報セキュリティ水準を向上させるための統一的な枠組みであり、情報セキュリティのベースラインや、より高い水準の情報セキュリティを確保するための対策事項を規定。https://www.nisc.go.jp/policy/group/general/kijun.html

8 NISC「政府情報システムのためのセキュリティ評価制度（ISMAP）の概要」。https://www.nisc.go.jp/pdf/policy/general/ismap/ismapevent_20231025.pdf

9 発見事項とは、業務実施者が実施した手続の結果のうち、①整備状況の評価手続を実施した結果、内部統制に関連する規程・ルール等が存在しなかった、②整備状況の評価手続を実施した結果、内部統制に関連する証跡が存在しなかった、③運用状況の評価手続を実施した結果、抽出したサンプルについて内部統制の逸脱が存在した——のいずれかに該当する事項等のこと。ISMAP情報セキュリティ監査ガイドライン（令和2年6月3日（令和5年9月22日最終改定）、ISMAP運営委員会）を参考にした。

10 いずれもクラウドサービスの類型。SaaSはSoftware as a Serviceの略で、おおむね特定のアプリケーションを使うことにユーザーは専念できるサービス。PaaSはPlatform as a Serviceの略で、多様なアプリケーションをカスタマイズして使いたいユーザー向けのプラットフォームサービス。IaaSはInfrastructure as a Serviceの略で、従来のITと同等の自由度を望むユーザー向けのインフラストラクチャサービス。

11 ISMAPは、「政府機関等のサイバーセキュリティ対策のための統一基準」（令和5年度版）における情報の機密性についての格付の定義のうち、「機密性2情報」を取り扱うクラウドサービスを対象にしているが、ISMAP-LIUでは、機密性2情報の中でも比較的重要度が低い情報のみを取り扱うSaaSであることが前提の一つとなっている。

12 ISMAP - 政府情報システムのためのセキュリティ評価制度の「ISMAPクラウドサービスリスト」に掲載されているサービス数。https://www.ismap.go.jp/

13 NISC「政府機関等におけるクラウドサービスのさらなる活用について」。https://www.nisc.go.jp/pdf/policy/general/ismap/ismap_20231109.pdf

14 金融取引事業者における顧客資産の分別管理の法令等遵守について、従前はAUPが活用されていたが、日本証券業界の規則改定に伴い、現在は保証業務が義務付けられている。

15 例えば、投資信託及び投資法人に関する法律施行令（投信法）第18条、第28条及び第124条に基づいて実施される合意された手続（AUP）については、専門業務実務指針4400に加えて遵守すべき実務指針として「専門業務実務指針4460 投資信託及び投資法人における特定資産の価格等の調査に係る合意された手続業務に関する実務指針」が日本公認会計士協会のWebサイトに公表されている。
https://jicpa.or.jp/specialized_field/publication/practical_guidelines/

16 一般社団法人情報マネジメントシステム認定センターのWebサイト内にある「ISMS認証取得組織検索」の登録組織数。https://isms.jp/lst/ind/index.html

17 Webサイト「DXポータル」のDX認定制度 認定事業者の一覧の掲載事業者数。https://disclosure.dx-portal.ipa.go.jp/p/dxcp/top/

18 詳細は、Webサイト「プライバシーマーク制度」のお役立ち情報・ツールページに、事故報告にPDFで掲載されている。https://privacymark.jp/guideline/wakaru/index.html

アシュアランスニーズの高まり①
広告宣伝業界の場合

広告宣伝費も投資効率の監査が必要

　一般消費者向けの商品を扱う企業は、年間売上高の3～30％程度の予算を広告宣伝費に充てているとされる。少ない企業でも年間数億円、1000億円以上を広告宣伝費につぎ込む大企業も珍しくない。企業の資金使途は生産設備の増強、M&A（合併・買収）、研究開発など多岐にわたるが、広告宣伝費もかなり額の大きな費目である。

　企業が工場設備増強のような投資活動を行う場合、決定に至るまでには各種事前調査から投資効率の精査まで、様々な検証を行うのが普通だろう。広告宣伝も重要な投資活動の一つだが、その金額の大きさの割に投資効率に対する検証や精査などは十分に行われていないのが現状だ。莫大な額を使う投資活動である以上、経営者は広告宣伝活動の投資効率やガバナンス状況に関してもステークホルダーに対する説明責任を負う。

　投資効果の検証がおざなりになっていることの背景には、広告出稿においても「情報の非対称性」が存在しており、投資先が「ブラックボックス化」しているという問題がある。

　日本ではまだ一般的ではないが、欧米では多額の広告宣伝費を使う企業は定期的に「メディア・オーディット」を行うのが一般的だ。メディア・オーディットとは広告宣伝活動の投資効率や取引プロセスに対する監査で、広告出稿企業から依頼を受けた第三者機関が実施する。監査という言葉を使っているが、監査人の監査意見や保証意見が付されるものではない。

広告の投資効率やコンプラ状況を第三者が監査

　メディア・オーディットには①メディア・バイイング・オーディット、

②メディア・プロセス・オーディット、③メディア・コンプライアンス・オーディットの3種類がある。

　最も業界内に浸透しているのが①のメディア・バイイング・オーディット（広告購買監査）だ。広告媒体の購入価格、露出量、正しい面で露出できたかという品質を監査し、広告購入のROI（投資利益率）を第三者機関が評価する。

　購買活動のプロセスそのものを評価するのが②のメディア・プロセス・オーディットだ。広告は広告代理店を通して出稿するケースが大半で、プランニングや広告枠の買い付け、制作に関する積算、事後報告といった関連手続もまとめて広告代理店に委託することが多い。

　メディア・プロセス・オーディットは、一連のプロセスが広告出稿企業にとって最大の効果・効率をもたらすよう適切に実施されているかを検証し、場合によってはその改善を促すものである。近年、需要が高まってきている分野だ。

　広告出稿にあたり、人員配置、請求や納品が出稿企業と広告代理店間の契約に従って適切に行われているかを第三者機関が検証するのが③の「メディア・コンプライアンス・オーディット」だ。契約書の規定及び法令遵守の精神に則っているかどうかを調べる。企業のコンプライアンス意識の高まりから、②同様、需要が高まっている分野である。

メディア・オーディットの種類

①メディア・バイイング・オーディット	**監査対象：媒体購入コストおよび効率**
	購入した広告の実態（出稿費用及び出稿場所等）をベンチマークと比較することで確認、把握。改善に向けた代理店との協議について助言をする。
②メディア・プロセス・オーディット	**監査対象：代理店体制及びサービスレベル**
	広告代理店が提供するサービス（コミッションや費用、業務委託内容、契約内容等）について確認し、代理店に業務依頼する際の枠組みを構築するための助言をする。
③メディア・コンプライアンス・オーディット	**監査対象：取引透明性とコンプライアンス**
	広告代理店が業務委託契約に基づいた請求（内訳を含む）、納品、広告購入支払いをしているかを確認する。

変わるメディア環境、変わらない商習慣

　日本でも2010年頃からメディア・オーディットを導入する企業が増え始めている。導入のきっかけはメディア・オーディットに詳しい人材をキャリア採用した、外部のコンサルティング会社から導入を進言されたなど様々だ。

　しかし、導入企業増加の背景にはメディアの多様化や消費者の変化に対する危機感、広告取引や価格体系への不信感といった、出稿側の広告に対する不安と不満があるのは間違いないだろう。

　テレビ広告に対する不満はその典型だ。NHK放送文化研究所が2021年に実施した調査[1]によると、テレビが最も視聴されている時間帯（20～21時）にリアルでテレビ番組を見ていた人の割合は27～29%だ。2018年は31～34%だったので視聴者のテレビ離れが垣間見える。これは全世代を対象とした調査結果なので、対象を若年層に限れば減少率はさらに大きいだろうことは容易に想像できる。

　番組とは無関係に放送される「スポットCM」を取引する際の基準にGRP（Gross Rating Point：延べ視聴率）がある。一定期間に放送されたテレビCMの視聴率を合計した値で、言い換えると各テレビ局がどれだけの視聴率を獲得できたかを示す数字だ。広告出稿企業はGRPを単位として広告枠を購入する。

　メディアの多様化と消費者態度の変化による視聴率の低下で、各テレビ局が獲得できるGRPは毎年低減している。これは前述のNHK放送文化研究所の調査結果とも符合する。

　デロイト トーマツ グループの一員であり、長年にわたってテレビの役割変化を研究して広告出稿企業に様々な提言をしてきたデロイト トーマツ エスピーアイ株式会社（以下、エスピーアイ社）の調査によると、テレビ広告の出稿単価は右肩下がりではなく、アップダウンを繰り返しながらも上昇傾向が見られるという。

　これはテレビ広告特有の取引事情に由来する現象だ。広告を展開する企業側では、いまだにテレビ広告信奉が根強く、一定量のGRPを確保したいという意向が働く。一方、テレビ局はなかなか視聴率が取れず、販売するGRPの総量を確保するのに苦労している。この需給バランスがテレビ

広告費単価の高止まりを演出している。

広告メディアとしての地位低下や、デジタルを中心とした他メディアへの広告シフトなど、テレビへの広告出稿を再考すべき事柄が多いのに、その単価はむしろ上昇している。この点に多くの広告出稿企業は違和感を覚えているはずだ。それは広告取引への不信感を高め、ひいては広告料金や取引の透明性を求める声を大きくする要因となっている。

効果測定では捕捉できないテレビCMの課題

広告の効果測定は、売上高の増加や認知度の向上における広告の貢献度を測るのが一般的だ。広告の目的、目標、予算は適切だったか（プランニング）、デザインや訴求内容が目的に適していたか（クリエイティブ）などの観点で評価する。一方、メディア・オーディットは出稿企業が広告を効率よく購入できたかどうかに焦点を当てる。一見、効果測定と似ているがその監査内容はまったく異なる。

メディア・オーディットでは、出稿金額に対して想定ほどの効果が出なかった場合、効果測定（プランニングとクリエイティブ）の観点に加えて広告購入価格の適切性からも改善ポイントを探っていく。ところがマスメディアや予約型のメディア（広告料金、期間、出稿内容があらかじめ決められている）の広告契約は、媒体原価や取引手数料などの明細を広告代理店が開示しないグロス契約となっていることが多い。まさに中身がわからない闇鍋状態だ。

メディア・オーディットの監査人は広告代理店に対して、メディアから受け取った請求書と、媒体購入原価と取引手数料を明記した広告代理店発行の明細書を請求し、両者を突き合わせる作業を実施する。

例えば広告代理店から「取引手数料を20%から15%に下げます」といった提案があった場合、原価が分からなければ合理性、妥当性を判断できない。監査人は媒体価格の原価の探求を行い、取引金額に関する説明責任を追及する必要がある。

テレビ広告はCMが放映されるまで実際の視聴率は分からないため、過去の実績に基づいた見込みで取引するのが一般的だ。広告出稿企業が500GRPを購入したなら、放映後に500GRPの納品があったかどうかを

各種データと突き合わせて検証する必要がある。さもないと未達成の GRP 部分があった場合の補填交渉が曖昧になり、最終的に広告出稿企業が不利益を被る可能性がある。

課題の多いデジタル広告のオーディット

　昨今はデジタル広告の出稿が大きく伸びている。デジタル広告は、Google のようなプラットフォーム上で取引が行われ、専門用語も多く、詳細な取引内容を検証するのが難しい。デジタル広告でも、メディア・オーディットのプロセスでは実際に合意された内容通りに取引が履行されているか、エビデンスをたどって検証する。

　大手企業が広告を出稿しているデジタルメディアは、Google をはじめとした 10 前後の主要プラットフォームに限られている。これら主要プラットフォーム上のデータを厳しく精査するプロセスが、デジタルメディア分野のメディア・オーディットとなっている。

　エスピーアイ社が実際に行っているデジタル広告の監査現場では、専用プラットフォーム上で多くのトランザクションがやり取りされるようなケースが多い。人為的なミスが発生しやすい状況にあり、各種エビデンスとプラットフォームが提供するデータの照合によって、ミスを発見するプロセスが重要だ。

　テレビ広告の場合、視聴率データを根拠とすれば、第三者機関の実施によりほぼ 100% の精度でオーディットが可能だ。一方、各種プラットフォームのデジタル広告に関するデータ開示は透明性とは程遠く、彼らが開示したい情報しか開示していないのが実状だ。徹底的に内容を検証する方法は皆無に等しい。まさに「情報の非対称性」が存在している領域だ。

　例えばプラットフォームが開示するインプレッション数には、不正なインプレッションや誤カウントが含まれている。実際のインプレッション数と開示データの間には数% の誤差があるのが当たり前だ。

　データの計測方法もプラットフォームごとに指標、用語、計算式が異なる。実際のオーディットでは、多様な手法を使って元データを統一指標に置き換えていくプロセスが必要となる。

　現在、一般的なデータ（デジタル動画の表示回数、視聴回数、試聴時間、

発生金額、リンクのクリック数など）に限れば、各プラットフォームの情報開示姿勢は以前に比べて前向きだ。開示データのポイントも格段に増えている。

それでもソーシャルメディアなどの広告効果を調べようと、開示されたエンゲージメント率（コンテンツに対するユーザーの反応割合）の解釈を試みると、プラットフォームごとにデータの算出方法が異なる点が多数見つかる。

典型的なのが動画の指標だ。動画が「見られた」という指標、つまり「1視聴」あるいは「1再生」の規定は、完全に再生された回数を1再生とするプラットフォームと、50％以上の再生で1再生とするプラットフォームが混在している。単純な横並び評価は難しい。インプレッション、クリック、単価などをプラットフォーム横並びで比較するには、専門家が個別に評価せざるを得ないのが現状だ。

いくつかの大手プラットフォームは、広告代理店を含むサードパーティーに対して「データのオーナーである広告出稿企業の要求があれば、サードパーティーは全データを開示しなければならない」という自社ポリシーを公開している。

日本ではデジタル広告も手数料を加えたグロス契約で取引されることが多いためか、広告出稿企業も広告代理店も「代理店はプラットフォームが提示する広告料金を出稿企業に開示する必要がある」ことを知らないケースが少なくない。

メディア・オーディットを行う時、広告代理店は監査やデータ開示に消極的なケースがほとんどだ。一方、広告出稿企業の担当者はジョブローテーションで異動するため、Web行動履歴などのアクチュアル・レポート（広告配信の実績数値の報告書）やCMの放送確認書の存在すら知らないことも多い。

広告出稿企業の間では、出稿に対する意識やリテラシーの高い企業とそうでない企業の二極化が進んでいる。テレビ広告もデジタル広告も環境は日々進化しており、企業間の格差はますます拡大していると言える。

メディア・オーディットの果たす役割

　メディア・オーディットの役割は広告投資の不透明さを解消し、投資利益率を可視化し、投資効率の改善に役立つ「広告の売り手ではない、第三者からの助言」を得ることにある。

　繰り返しになるが、上場企業は投資活動についての情報を財務諸表で開示し、監査法人等の監査を受けることが義務付けられている。広告投資も「投資」だ。本来ならメディア・オーディットのような監査を受けるべきだろう。事実、欧米ではメディア・オーディットを義務化している企業も多い。メディア・オーディット報告会にはマーケティング部門のスタッフだけでなく、経営層やファイナンス部門、購買部のスタッフが出席するのも一般的だ。

　こうすることで広告宣伝費の聖域化や、広告宣伝に関する情報やノウハウの不透明化を防ぎ、株主・投資家に対する広告投資の説明責任を果たすこともできる。結果として、サステナブル（持続可能）な広告投資利益率の改善を促せる。

　広告効果に疑問を抱いているなら、メディア・オーディットの導入も検討したい。その際には経営陣、経営企画、ファイナンス部門といった、広告宣伝部門とは異なる部門がイニシアティブを握るべきだろう。年1回以上実施して、経営層ないしは経営企画、ファイナンス部門などへも報告を上げるといった運用形態が望ましい。

広告宣伝は豊穣な未開拓投資先

　企業とは事業活動を通じて利益を生み出し、その利益を配当金や株価の上昇という形で株主に還元する主体だ。経営者は事業活動の内容を自ら報告すると同時に、財務諸表監査等の外部チェックを受けて、適切に開示する責任を負っている。

　広告宣伝費に関しても同様だ。企業は将来の成長のためにテレビ局などの媒体や、広告代理店のアイデアや運用に対して巨額の投資を行っている。広告は投資である。投資である以上、広告効果は投資先である広告代理店からの自主報告のみでなく、第三者機関によるメディア・オーディットを

通して評価されるべきである。

　現在の複雑で多様なメディア環境を考えると、広告効果を安定化するためには、ある種の"分散投資"が大切かもしれない。新聞を読む人、テレビが好きな人、パソコンやスマホでオンライン動画を見る人などメディアへの接触の仕方は人それぞれだ。客観的なデータに基づいてロジカルに露出を調整していく必要がある。

　広告媒体投資においては、新たなチャレンジとして投資配分をガラッと変える出稿企業もあるが、大きな失敗に終わることも多い。とはいえ、最適な投資配分を模索するチャレンジの継続は欠かせないだろう。その観点から、過去の実績や競合などのマーケットの状況を踏まえた基本に忠実な媒体投資と、新たな可能性を見据えた広告投資のチャレンジ枠を明確に分けて、継続的に運用するという考えがあっても良いのではないか。

　例えば、基本に忠実な媒体投資で9割、残りの1割をチャレンジ枠とすれば、リスクを減らしつつ、常に新しくより良い投資アイデアを発見し追求することを両立できる。結果的に堅実な投資を行いつつ新たな発見が見込めて、将来的に大きなリターンを得られる可能性もある。

　投資の観点で見直し、投資効率を高めることで、広告宣伝活動はさらなる進歩が期待できる。広告宣伝にはこれまで以上のリターンを生み出すポテンシャルが残っている。

1　「放送研究と調査 2022年7月号」（NHK放送文化研究所刊）、スマートフォンやテレビから見るメディア利用行動の今 ～メディア利用の生活時間調査2021」から～

第 4 章

サステナビリティ領域の
アシュアランス

サステナビリティ情報の
アシュアランス義務化に備える

① ESG（環境・社会・ガバナンス）の視点を企業経営や投資に取り入れるのは後戻りできない世界的な潮流となっている。
② 上場企業はESG経営の具体的な内容等のサステナビリティ情報を有価証券報告書で開示しなくてはならない。
③ サステナビリティ情報も厳格な第三者保証が必要になる可能性が高い。

「ESG」「サステナビリティ」「SDGs」といった用語をニュース等で目にしない日はないのではないだろうか。「地球温暖化対策」や「持続可能な社会の実現」といった話題の中で使われることが多いが、特にESGとサステナビリティは日常のビジネスでも頻出する重要なキーワードになっている。既に多くの企業がESGやサステナビリティの視点を経営に取り入れ、その取り組みの内容を自社のWebサイトや統合報告書、サステナビリティ報告書などで公表している。ただし、ESG経営も情報開示も義務ではなく任意であり、これまでは企業にとっても必ずしも主たる経営課題ではなかった。

だが状況は急速に変わりつつある。上場企業は毎年、自社のサステナビリティへの取り組み状況を有価証券報告書で開示しなくてはならなくなったのだ。本稿執筆時点（2024年5月）では義務化の対象企業は限られ、開示すべき内容はそれほど厳密ではないが、将来的には、全ての上場企業等が、一定の基準に則った詳細なサステナビリティ情報を開示しなくてはならなくなる可能性が高い。

グローバルでビジネスを展開している企業は、海外の動向にも注意を払う必要がある。欧州連合（EU）加盟国では、第三者保証取得済みのサステナビリティ情報を開示することが企業に義務付けられた。EU域外の企業であっても、欧州でビジネスを展開しているなら規制の対象となる。米国でも米国証券取引委員会（SEC）が米上場企業に温室効果ガス（GHG）

排出量の開示を義務付ける規則を採択している。

　経営者には、従来とは異なる次元でのESG経営と情報開示の体制づくりが求められている。本章では、企業に求められるサステナビリティ情報開示の現状、そこに至る経緯と背景、そしてサステナビリティ領域におけるアシュアランスの必要性を解説する。

1 │ サステナビリティ情報開示は企業の義務へ

(1)日本企業の情報開示の現状

　ESG（イーエスジー）とは、Environment（環境）・Social（社会）・Governance（企業統治）の頭文字をとった略語だ。企業を長期的な成長に導くには、この3つの観点に配慮した経営が重要だという考え方を表すのに使われる用語だ。企業が対処すべき具体的な課題として図表4-1のような例が挙げられる。

　ESGと並んで耳にする機会が増えている用語に「サステナビリティ」がある。地球環境、経済社会、人々の生活について将来にわたる長期的な視野を持ち、地球環境と経済活動の両面を良好に維持し続けていこうという考え方を指す。「Sustain（維持する、持続する）」と「Ability（〜する能力）」を組み合わせた造語で、日本語では「持続可能性」と訳される。

　企業の事業活動が環境や社会に与える影響への関心が高まるにつれて、経営者は環境問題や社会課題に対する取り組みを意識したESG経営を推進することが求められている。同時に、その成果はサステナビリティ情報（持続可能な社会の実現に向けた企業の取り組みに関する情報）として開示することも要求されている。

　企業が社会的責任を求められるようになったのは最近のことではない。

図表4-1　企業のESG課題の例

環境（Environment）	社会（Social）	ガバナンス（Governance）
気候変動	人権	役員構成・多様性
資源枯渇	強制労働・児童労働	役員報酬
廃棄	消費者保護	贈収賄・汚職
汚染	雇用関係	政治献金
生物多様性	労働条件	会計不正

環境破壊や公害問題が耳目を集めた1970年代には既にCSR（Corporate Social Responsibility：企業の社会的責任）という言葉が存在したし、近年では自社の環境保護に対する取り組みなどを統合報告書やWebサイトで発信している企業も珍しくない。

しかし、従来のESG経営もサステナビリティ情報の開示もあくまで任意であり、どのような課題に取り組むのか、成果をどのような形で公表するかは各企業の裁量に委ねられていた。

社会の一員として企業が温室効果ガス削減や長時間労働の解消、女性活躍推進など、ESGでくくられる社会的な問題の解決に取り組むことの意義は理解できるだろう。しかし、いざ具体的に実装を進める段になると、ESG推進の難しさに直面するケースが多いのも事実だ。

気候変動問題への対処一つとっても、グローバルでは「2050年までに温室効果ガス排出量を全体としてゼロにする[1]」といった目標はあるが、個別企業が行動すべき具体的な内容を定めた明確なルールはなく、サステナビリティ情報を開示する基準も複数存在しており統一基準はない。

多くの日本企業におけるサステナビリティ情報の開示は、環境・CSR・サステナビリティ担当部署が、国際的に認知されているいくつかの情報開示基準を参考にしながら自社の開示内容を決め、社内の関係部署や子会社から必要な情報を集計し、統合報告書やサステナビリティ報告書といった形で開示してきたのが実状だ。開示内容や透明性は企業ごとに異なっており、全ての企業が高いレベルで情報を開示しているわけではない。

（2）法改正で情報開示が義務化

2023年1月31日の「企業内容等の開示に関する内閣府令及び特定有価証券の内容等の開示に関する内閣府令の一部を改正する内閣府令」の公布・施行で、企業がサステナビリティ情報開示に関して負う責務は大きく変わった（**図表4-2**）。上場企業等は2023年3月期決算期から有価証券報告書に「サステナビリティに関する考え方及び取組」の記載欄を設け、サステナビリティ情報を開示することが義務化された。

サステナビリティ情報開示の目的を「投資家にわかりやすく投資判断に必要な情報を提供すること」と定め、企業の中長期的な持続可能性に関す

図表 4-2 サステナビリティ情報開示の改正のポイント

サステナビリティ情報の開示基準

現時点では、わが国におけるサステナビリティ情報の開示基準は定められていないため、各企業の取組状況に応じて記載していくことが考えられる。

今回の改正では、サステナビリティ情報開示について、細かな記載事項は規定せず、各企業の現在の取組状況に応じて柔軟に記載できるような枠組みとされている。

2023 年 3 月期の有価証券報告書から開示をスタートし、その後、投資家との対話を踏まえ、自社のサステナビリティに関する取組の進展とともに、有価証券報告書の開示を充実させていくことが考えられる。

4つの構成要素に基づく開示

サステナビリティ情報の記載に当たっては、「ガバナンス」「リスク管理」「戦略」「指標及び目標」の 4 つの構成要素に基づく開示が必要だが、具体的な記載方法については本改正では詳細に規定していない。そのため、現時点では、構成要素それぞれの項目立てをせずに一体として記載することも考えられる。

記載に当たっては、投資家が理解しやすいよう、4 つの構成要素のどれについての記載なのかわかるようにすることも有用だと考えられる。

今後、国際的に開示のプラクティスが進展していく過程で、開示の仕方に変化が生じる可能性がある点に留意が必要である。

出所：月刊誌『会計情報』2023年4月号、「企業内容等の開示に関する内閣府令」等の改正の概要（有価証券報告書におけるサステナビリティ情報やコーポレート・ガバナンスに関する開示の拡充）

る事項について、経営方針・経営戦略等との整合性を意識しつつ、「ガバナンス」「戦略」「リスク管理」「指標及び目標」という4つの構成要素で開示することとしている。つまり、改正で「上場企業は4つの観点から自社のサステナビリティに対する考え方と取り組み内容を有価証券報告書で開示すること」が義務化されたわけだ。

　このほか、有価証券報告書等の「従業員の状況」の記載においては、「女性活躍推進法に基づく女性管理職比率」「男性の育児休業取得率」「男女間賃金格差」といった多様性の指標に関する開示が求められ、「コーポレート・ガバナンスの概要」「監査の状況」「株式の保有状況」においては、「取締役会や指名委員会・報酬委員会等の活動状況（開催頻度、具体的な検討内容、出席状況）」「内部監査の実効性（デュアルレポーティングの有無等)」「政策保有株式の発行会社との業務提携等の概要」についての記載が求め

図表 4-3 有価証券報告書にサステナビリティ情報の開示欄が新設

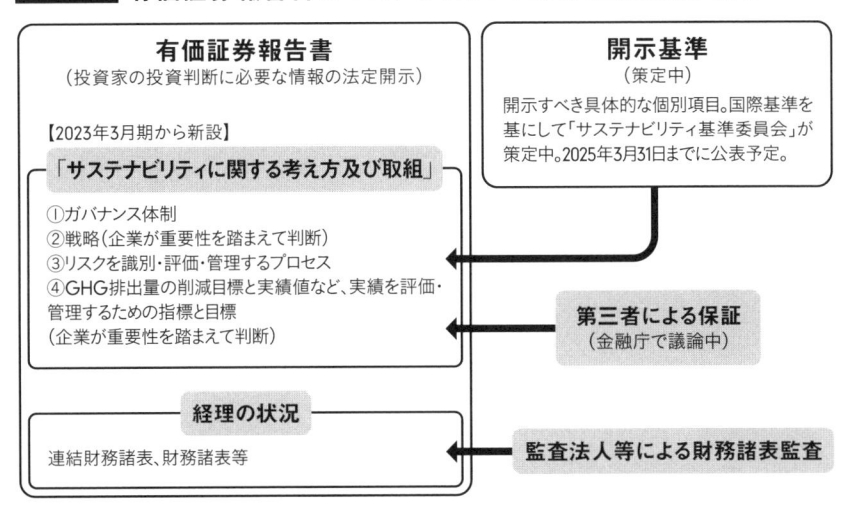

企業は有価証券報告書でサステナビリティ情報を開示することが義務付けられた。国際基準に準拠する詳細な開示項目の規定も策定中。金融庁の「サステナビリティ情報の開示と保証のあり方に関するワーキング・グループ」では第三者保証の取得も義務付ける方向で議論が進んでいる。将来的には、サステナビリティ情報についても財務情報と同様の開示体制の構築が必要になる可能性が高い。

られている（**図表4-3**）。

　言うまでもないが、有価証券報告書は、上場企業等が事業年度終了後3カ月以内に、監査法人等による財務諸表監査を受けた上で、内閣総理大臣に提出することが義務付けられている法定書類だ。企業が任意で作成してきた統合報告書やサステナビリティ報告書とは性格が異なる。

（3）第三者保証導入に向けた動き

　サステナビリティ情報開示に関する変化はこれにとどまらない。2023年1月の改正では、開示の4つの構成要素は規定したが、細かな記載事項までは規定していない。各企業が自社の業態や経営環境等を踏まえ、投資家の投資判断にとって重要だと判断した情報を開示することとされている。集計が間に合わない場合は概算値も認められる。また、開示した目標数値などが実際の結果と異なった場合でも、合理的な判断の結果であれば直ち

に虚偽表示としないこととされている。

　本稿執筆時点（2024年5月）では、ある程度の柔軟性を持って運用されているわけだが、より厳格な開示基準の適用も予定されている。2023年6月、国際財務報告基準（IFRS[2]）を策定する国際会計基準審議会（IASB[3]）が、サステナビリティ情報の新しい国際統一開示基準であるIFRS S1「サステナビリティ関連財務情報の開示に関する全般的要求事項」と、IFRS S2「気候関連開示」を策定した。

　詳細は後述するが、これまで使われてきた既存の複数のサステナビリティ情報開示基準をベースとした、サステナビリティ情報開示の全般に関する包括的な基準で、これまでより詳細かつ、新しい情報の開示を求めている。

　これを受け、国内では公益財団法人財務会計基準機構（FASF[4]）傘下のサステナビリティ基準委員会（SSBJ）が、2025年3月末までの最終基準公表を目標にIFRS S1、IFRS S2の日本版策定に取り組んでいる。2024年3月には以下の基準の公開草案を公表している。

・サステナビリティ開示ユニバーサル基準公開草案「サステナビリティ開示基準の適用（案）」
・サステナビリティ開示テーマ別基準公開草案第1号「一般開示基準（案）」
・サステナビリティ開示テーマ別基準公開草案第2号「気候関連開示基準（案）」

　さらに2024年2月には金融庁が金融審議会内に「サステナビリティ情報の開示と保証のあり方に関するワーキング・グループ」を設置。法改正を視野に、サステナビリティ情報開示の保証制度導入に向けた有識者による議論を始めた（**図表4-4**）。

　背景にあるのは、サステナビリティ情報の信頼性確保を望む投資家の声だ。サステナビリティ情報の第三者保証導入は世界的な流れでもあり、前述したように欧州連合（EU）では既にサステナビリティ情報開示に第三者保証の導入を決めている。制度スタート時、企業に求めるのは限定的保証だが、将来的にはより保証水準の高い合理的保証[5]への移行も計画している。

　将来、日本でも有価証券報告書のサステナビリティ情報開示は日本版IFRS S1、IFRS S2に基づくことが義務化されるとみられる。また、第三者保証も開示を行った翌年度から導入される可能性が高い。欧州で事業を展開している企業は、合理的保証が導入される可能性も織り込んだサステナビリティ情報開示の準備が必要になるだろう。

図表 4-4　サステナビリティ情報の開示ロードマップ

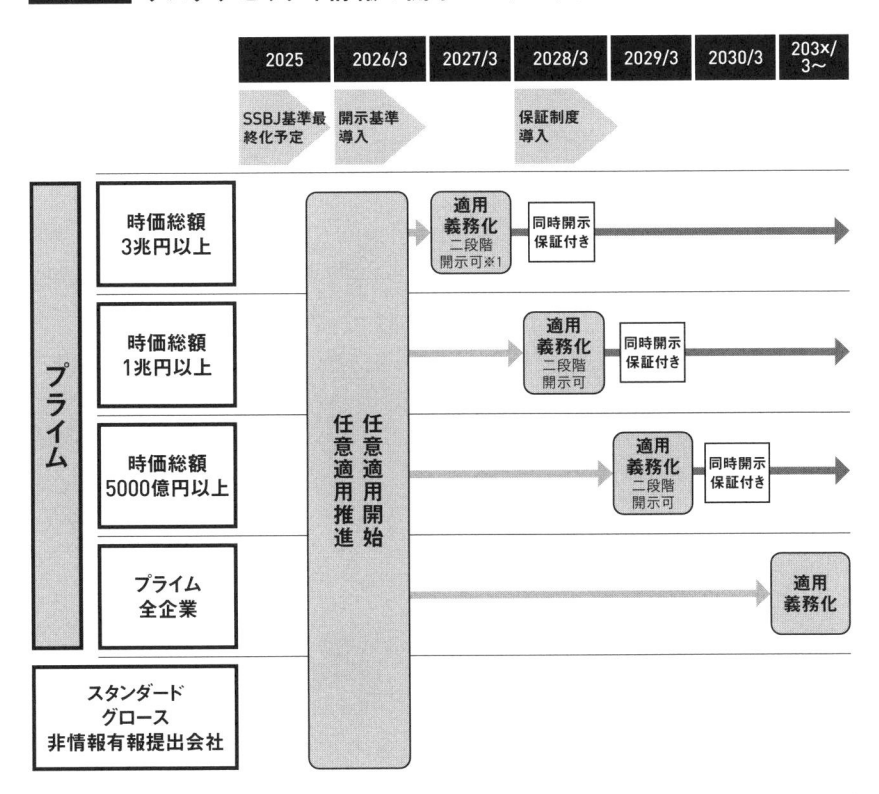

※1：適用初年度において利用可能な二段階開示の方法や、それ以降の有価証券報告書による同時開示の方法を検討
出所：第3回 金融審議会 サステナビリティ情報の開示と保証のあり方に関するワーキング・グループ（事務局説明資料）より筆者作成

2 | サステナビリティ情報に対する 関心の高まり

（1）広がりを見せるESG投資

　企業がESG経営に取り組み、その内容を投資家に有価証券報告書で説明することが法令等で義務化されるに至った歴史的経緯を検証しておこう。議論をクリアにするため、まず、「ESG」「サステナビリティ」「SDGs」「CSR」といった用語の意味を確認する。

　繰り返しになるが、ESGはEnvironment（環境）・Social（社会）・Governance（企業統治）の頭文字をとった略語だ。企業を長期的な成長に導くには、この3つの観点に配慮した経営が重要だという考え方を表す時に使われる。

　ESGという考え方を社会に広めたのは元国連事務総長のコフィー・アナン氏だ。2006年4月、国連事務総長だったアナン氏は、経済のグローバル化に起因する諸問題を解決し、持続可能な社会の形成を目指すため、金融業界に向けて責任投資原則（PRI[6]）という投資に対する考え方を提唱した。「年金基金や運用会社などの機関投資家は、財務情報だけでなく、ESGの観点も投資の意思決定プロセスに反映させるべきだ」という提案で、6つの原則と35の具体的な行動を示している（**図表4-5**）。

図表4-5 **アナン氏が提唱した6項目からなる責任投資原則**

・私たちは、投資分析と意思決定のプロセスに ESG の課題を組み込みます
・私たちは、活動的な（株式）所有者になり、（株式の）所有方針と（株式の）所有慣習に ESG の課題を組み入れます
・私たちは、投資対象の主体に対して ESG の課題について適切な開示を求めます
・私たちは、資産運用業界において本原則が受け入れられ、実行に移されるように働きかけを行います
・私たちは、本原則を実行する際の効果を高めるために、協働します
・私たちは、本原則の実行に関する活動状況や進捗状況に関して報告します

つまりESGとは国連から機関投資家に向けたESG投資を呼びかけるメッセージだった。企業はESGに配慮した経営（ESG経営）に取り組むことで、年金基金等の長期目線の優良な投資資金を呼び込むことが期待できる。

ただし、投資家にとってESG投資の主眼は、環境や社会リスクを調整した後の投資リターンの長期的な向上にある。リターンを犠牲にするような活動を投資先企業に求めているわけではない点は留意が必要だ。

2006年のPRI公表後、国連は世界中の機関投資家にPRIへの署名を求めてきた。当初、署名する金融機関の数は限られていたが、気候変動に対する世界的な危機感の高まりなどを背景に世の中の支持を集めるようになり、2021年時点でPRI署名機関数は3800以上、運用資産総額は120兆ドル（1ドル＝145円として1京7400兆円）を超える規模に拡大[7]している（**図表4-6**）。

PRI署名機関は、運用資産の一定割合以上をESG投資に振り向けることが義務付けられている。米国のGDP（約27兆ドル）を凌ぐ規模の資金

図表4-6 PRI署名機関数及び運用資産総額の推移

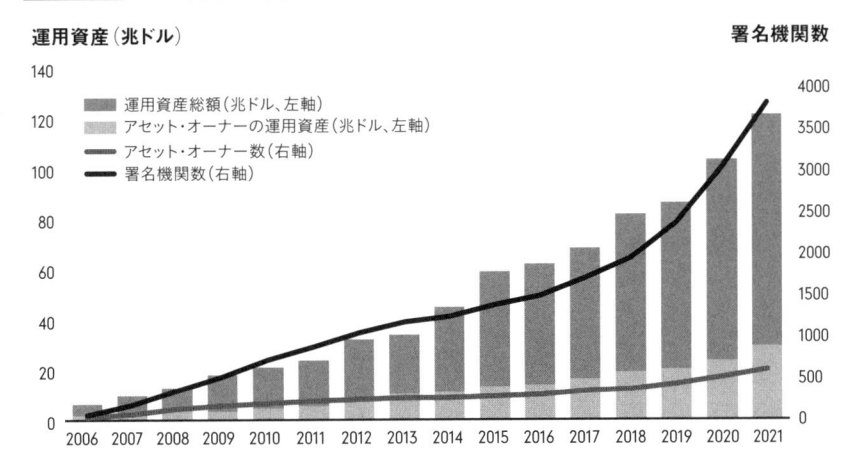

「責任投資原則（PRI）」はESGに配慮した投資を投資家に促す国連の原則。2021年時点で世界のアセット・オーナー（年金基金、銀行、保険会社等の資産を保有する機関投資家）、資産運用会社など3800以上の機関が署名しており、運用資産総額は120兆ドル（1ドル＝145円として1京7400兆円）を超える。

出所：PRI、https://www.unpri.org/about-us/

を運用する機関投資家がESGの観点で投資先企業を選別している。

(2)パリ協定が「ESG投資」を加速

　日本でESG投資が本格的に広がってきたのは、公的年金機関である年金積立金管理運用独立行政法人（GPIF[8]）がPRIに署名した2015年以降のことだ。GPIFは世界最大級の機関投資家であり、運用資産の規模は224兆7025億円（2023年度第3四半期末現在）に達する[9]。GPIFは2017年度から「ESG指数」に基づいた株式投資を始めている。国内株式・外国株式で計9つのESG指数を採用し、約12.5兆円の資金をESG指数[10]に連動するファンドでパッシブ運用している（2023年3月末時点）。

　GPIFがESG投資を始めた2015年は地球温暖化を防止するための国際的な枠組みである「パリ協定」が採択された年でもある。パリ協定は1997年に採択された京都議定書の後継となる枠組みだ。京都議定書は2020年までの世界の地球温暖化対策目標を示していたが、温室効果ガスの削減目標を課したのは先進国（日本、米国、欧州連合（ＥＵ）、カナダなど）だけだった。

　これに対して2020年以降の枠組みを定めたパリ協定では、先進国・発展途上国を問わず、全ての締約国に対し、「2050年までに温室効果ガス排出のネットゼロを実現するために世界の平均気温の上昇を産業革命以前と比べて2度より十分低く保ち、1.5度以内に抑えるよう努力すること」というアジェンダを採択した。

　京都議定書では「目標の達成」が義務とされていたのに対し、パリ協定では「温室効果ガス削減・抑制目標の策定・提出」が求められており、目標達成は義務とされていない。

　パリ協定の目標達成に向け、世界ではクリーンエネルギー移行を支援する莫大な資金需要が既に発生している。国際エネルギー機関（IEA[11]）は、「2050年までに温室効果ガスの実質排出量ゼロを達成するには、新興国および発展途上国におけるクリーンエネルギーへの投資を2030年までに現在の3倍以上に増やす必要がある[12]」と見積もっている。パリ協定が世界規模でESG投資を加速させているともいえる。

（3）環境課題から企業の行動規範になった「SDGs」

　ESGとともによく使われる用語にSDGs[13]がある。日本語訳は「持続可能な開発目標」だ。2015年9月の国連サミットにおいて加盟国の全会一致で採択された「持続可能な開発のための2030アジェンダ」に記載されている国際社会共通の目標だ。

　2030年を期限として、持続可能でよりよい世界の実現を目指すための

図表4-7　SDGsが掲げる17の目標

目標1[貧困] あらゆる場所あらゆる形態の貧困を終わらせる	**目標10[不平等]** 国内及び各国家間の不平等を是正する
目標2[飢餓] 飢餓を終わらせ、食料安全保障及び栄養の改善を実現し、持続可能な農業を促進する	**目標11[持続可能な都市]** 包摂的で安全かつ強靱（レジリエント）で持続可能な都市及び人間居住を実現する
目標3[保健] あらゆる年齢の全ての人々の健康的な生活を確保し、福祉を促進する	**目標12[持続可能な消費と生産]** 持続可能な消費生産形態を確保する
目標4[教育] 全ての人に包摂的かつ公正な質の高い教育を確保し、生涯学習の機会を促進する	**目標13[気候変動]** 気候変動及びその影響を軽減するための緊急対策を講じる
目標5[ジェンダー] ジェンダー平等を達成し、全ての女性及び女児のエンパワーメントを行う	**目標14[海洋資源]** 持続可能な開発のために、海洋・海洋資源を保全し、持続可能な形で利用する
目標6[水・衛生] 全ての人々の水と衛生の利用可能性と持続可能な管理を確保する	**目標15[陸上資源]** 陸域生態系の保護、回復、持続可能な利用の推進、持続可能な森林の経営、砂漠化への対処ならびに土地の劣化の阻止・回復及び生物多様性の損失を阻止する
目標7[エネルギー] 全ての人々の、安価かつ信頼できる持続可能な近代的なエネルギーへのアクセスを確保する	
目標8[経済成長と雇用] 包摂的かつ持続可能な経済成長及び全ての人々の完全かつ生産的な雇用と働きがいのある人間らしい雇用（ディーセント・ワーク）を促進する	**目標16[平和]** 持続可能な開発のための平和で包摂的な社会を促進し、全ての人々に司法へのアクセスを提供し、あらゆるレベルにおいて効果的で説明責任のある包摂的な制度を構築する
目標9[インフラ、産業化、イノベーション] 強靱（レジリエント）なインフラ構築、包摂的かつ持続可能な産業化の促進及びイノベーションの推進を図る	**目標17[実施手段]** 持続可能な開発のための実施手段を強化し、グローバル・パートナーシップを活性化する

「17の目標（**図表4-7**）」と「169のターゲット（具体的目標）」から構成されており、「地球上の誰一人取り残さない（leave no one behind）」ことを理念としている。発展途上国のみならず、先進国も取り組むべきユニバーサル（普遍的）な目標だ。

　社会、経済、環境の3つの面から捉えることのできる社会的課題、具体的には、①貧困や飢餓、教育などいまだに解決を見ない社会面の開発アジェンダ、②エネルギーや資源の有効活用、働き方の改善、不平等の解消など、全ての国が持続可能な形で経済成長を目指すための経済アジェンダや、③地球環境や気候変動など地球規模で取り組むべき環境アジェンダといった、世界が解決すべき課題を網羅的に示している。

　SDGsの17の目標には赤、緑、黄、紺などの色が割り振られており、17色を円状に等分に配分した丸いバッヂを見たことがある人も多いだろう。このバッヂは、日本では日本経済団体連合会等の経済団体が熱心に普及に努めている。

（4）利潤と社会的責任の両立を目指す 「サステナビリティ」

　ESGと並んで耳にする機会が多いのが「サステナビリティ」だ。最初にこの言葉を使ったのはブルントラント・ノルウェー首相（当時）だ。「環境と開発に関する世界委員会（ブルントラント委員会）」が1987年に公表した報告書「我々共通の未来（Our Common Future）[14]」の中心的な考え方として取り上げた概念で、人類全体に環境・資源基盤を保全しつつ開発を進める「持続可能な開発」へと舵を切ることを提言している。

　その後「サステナブル」の概念は、1992年の地球サミットで世界的に広まり、30年近い年月を経てSDGsへとつながっている。

　元々は経済と両立する環境保護を社会全体に向けて呼びかけるキーワードだったが、現在では企業が利益と社会的責任を両立しながら持続可能な社会を目指す考え方を示す用語になっている。

　サステナビリティとよく似た意味の言葉にCSRがある。CSRは「Corporation Social Responsibility」の頭文字を取った用語で、「企業の社会的責任」と訳される。企業は利益のために企業活動を行うが、自己

の利益を追求するだけでなく、消費者や取引先といったステークホルダーの要求に応えたり、社会環境への配慮を行ったりすべきであるという考え方だ。

　サステナビリティとCSRは似た概念だが、サステナビリティが世界全体の持続可能性を追求するのに対して、CSRが想定するのは企業活動に限られ、社会的責任を果たしつつ企業の利潤と存続を目標に掲げる。

　ESG、SDGs、サステナビリティと似たような用語を並べたが、それぞれの共通点、相違点は以下のように整理できる（**図表4-8**）。

図表 4-8　ESG、SDGs、サステナビリティの整理

概念	ESG	SDGs	サステナビリティ
共通点	・社会の持続可能な長期的発展、成長を目指す ・環境、社会、経済を考慮した活動を行い、社会課題の解決を目指す ・国際的な取り組みに関わるものである		
相違点	・コンセプトまたは活動 ・期限なし ・活動が SDGs 達成の手段になる ・経済活動に特化	・目標 ・期限あり ・活動範囲は広範	・コンセプトまたは活動 ・期限なし ・活動が SDGs 達成の手段になる ・活動範囲は広範

3 | サステナビリティ情報開示の変遷

(1) サステナビリティ情報に共通のモノサシを導入

　機関投資家は投資先を選ぶプロセスにESG要因を組み入れると同時に、投資先企業に対してはサステナビリティ情報の開示拡大を強く迫っている。企業はどのようなESG課題にどこまで取り組み、どのような情報を開示すればステークホルダーを満足させることができるのだろうか。

　これまで国内外の様々な主体がサステナビリティ情報の開示に関する基準、枠組み、ガイダンスを策定してきた。このため、比較可能な一貫したグローバル・スタンダードが存在せず、多くの企業はいずれかの基準を選び、独自に情報を開示してきた。開示内容、項目は企業ごとに異なり、機関投資家がESG要因に基づいて企業を評価、比較することは難しい状況だった。

　「共通のモノサシ」を求める声が企業・機関投資家から高まってきたことを受け、国際財務報告基準（IFRS）を策定している民間の非営利組織「IFRS財団」が2021年からサステナビリティ情報の国際的な統一開示基準作りに乗り出した。2023年6月には国際統一基準であるIFRS S1、IFRS S2を公表したのは前述の通りだ。

　今後、国・地域ごとの実状、制度に合わせてIFRS S1、IFRS S2の採用が進むものとみられる。2025年3月末までにはIFRS S1、IFRS S2の日本版も公表される見込みだ。企業は既存の開示基準に加え、最新の基準・規制の内容もフォローしておく必要があるだろう。現在使われている既存の枠組みも含め、主要なサステナビリティ情報の開示基準の概要をまとめる。

①GRIスタンダード（策定主体：GRI／GSSB）

　国内企業を含め、世界中の多くの企業が採用しているのが「GRIスタンダード」だ。策定しているGRI[16]は1997年にコフィー・アナン元国連事務総長の旗振りで設立された国際非営利団体で、下部組織であるGSSB

（グローバル・サステナビリティ基準審議会）[17]が実務を担っている。

　サステナビリティ報告書に掲載する情報についての品質を財務報告書のレベルに高めることを目的としている。2016年にGRIスタンダードとして発行され、2021年に最新版が発行されている。

　全ての組織に適用される「共通スタンダード（GRI 1、2、3）」に加え、特定の業種に固有の内容を盛り込んだ「セクター別スタンダード（11〜）」や、経済、環境、社会に企業が与える影響について記述する「項目別スタンダード（200、300、400シリーズ）」の中から該当するものを選択して活用する（図表4-9）。

　GRIスタンダードの特徴は「多種多様なステークホルダー（マルチステークホルダー）の利用を想定したサステナビリティ情報の開示基準」であることだ。策定には企業、機関投資家、労働組合、民間団体、及び市民社会などを含む様々なステークホルダーが関わっている。

　報告書を作成する企業が経済、環境、社会に与えるインパクト（プラスとマイナスのインパクト及び外部に与えるインパクトと外部から受けるインパクト）を報告し、持続可能な発展への貢献を説明するための枠組みを提供している。

　現在、多くの企業がGRIスタンダードを使って自社のサステナビリティの取り組み状況を整理した「GRIスタンダード対照表」を作成・公開している。

図表 4-9　GRIスタンダードの構成

GRI 1：基礎 2021	GRIスタンダードを利用するための要求事項および原則
GRI 2：一般開示事項 2021	組織の報告実務、活動やガバナンス、方針などの詳細に関する情報を提供するために利用する開示事項
GRI 3：マテリアルな項目 2021	マテリアルな項目（組織が経済、環境、ならびに人権を含む人々に与える最も著しいインパクトを表す項目）に関する組織のマネジメント手法等を報告する際の指針
GRI 11 〜 14	セクター別スタンダード
GRI 200、300、400 シリーズ	経済、環境、社会についての組織のインパクトに関する開示事項

出所：GRI

②国際統合報告フレームワーク（策定主体：IIRC）

サステナビリティ情報を含めた企業のビジネスの全体像をステークホルダーに報告するツールに統合報告書がある。近年、統合報告書を作成する企業が増えているが、その作成基準の一つが「国際統合報告フレームワーク」だ。国際的な連合組織であるIIRC（国際統合報告評議会）[18]が統合報告書の作成に関わる指導原則や内容要素をまとめたものとして2013年に公表した。2021年には改訂版が公表されている。

企業の財務情報と非財務情報を統合的に報告することで、投資家に対して組織の価値創造能力を説明することを主題としている。

報告書作成のプロセスを通じて「統合思考（組織内の様々な事業単位及び機能単位と、組織が利用し影響を与える資本との間の関係について、組織が能動的に考えること）」を組織内に浸透させることで企業の行動変化を促し、企業価値の向上を図ることも目的としている。

企業の価値創造の仕組みを説明するのに使われる「オクトパスモデル（**図**

図表 4-10 **企業の価値創造の仕組みを説明するオクトパスモデル**

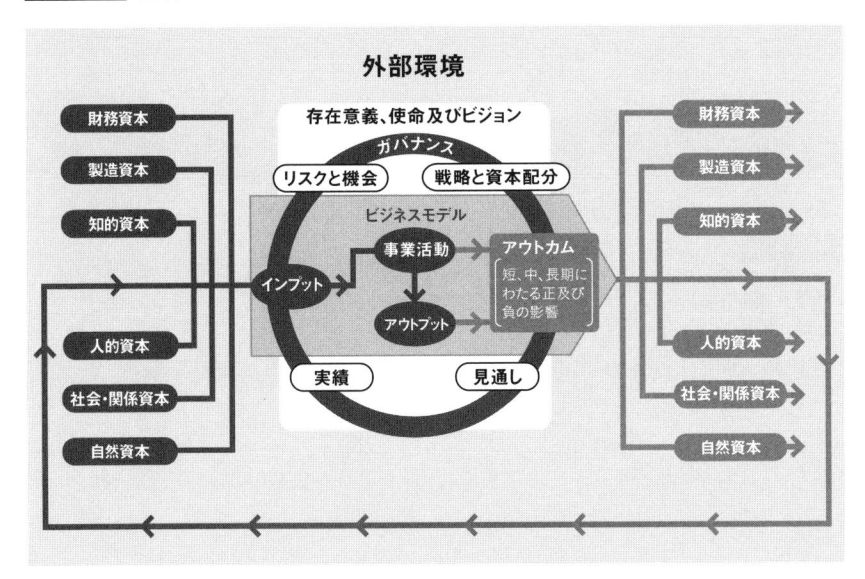

出所：IIRC「国際統合報告フレームワーク」

130

表4-10）」も、国際統合報告フレームワークの中で提唱されたものだ。

企業は国際統合報告フレームワークを活用した統合報告書を作成・公開することで、財務、環境、社会、ガバナンスに関する情報を明瞭簡潔、かつ同業他社と比較可能な形で投資家に提供できるようになる。

③SASBスタンダード（策定主体：SASB）

企業の情報開示の質向上に寄与し、中長期視点の投資家の意思決定に貢献することを目的として、将来的な財務インパクトが高いと想定されるESG要素の開示に関する基準を定めているのがSASBスタンダードだ。

米国サンフランシスコに拠点を置く非営利団体SASB（サステナビリティ会計基準審議会）[19]が中心となり、実務家、企業、投資家、学識者等が分析・議論を重ねて策定した基準で、2018年に公表されている。

SASBスタンダードの特徴は業種ごとに企業の財務パフォーマンスに影響を与える可能性が高いサステナビリティ課題を特定していることだ。消

図表 4-11 **サステナビリティを分析するSASBスタンダードの26の視点**

領域	環境	社会資本	人的資本	ビジネスモデルとイノベーション	リーダーシップとガバナンス
課題	温室効果ガスの排出	人権と地域社会のつながり	労働慣行	製品設計とライフサイクル管理	ビジネス倫理
	大気の品質	顧客のプライバシー	従業員の健康と安全	ビジネスモデル回復力	競争行動
	エネルギー管理	データセキュリティ	従業員エンゲージメント、多様性とインクルージョン	サプライチェーン管理	法規制環境の管理
	水および廃水管理	アクセスとアフォーダビリティ		材料の調達と効率	クリティカルインシデントリスク管理
	廃棄物及び危険物管理	製品の品質と安全性		気候変動の物理的影響	システミックリスク管理
	生態系への影響	顧客の福祉			
		販売慣行と製品のラベリング			

出所：The IFRS Foundation
https://sasb.ifrs.org/standards/materiality-finder/

費財、金属及び鉱業、金融、食料・飲料、ヘルスケア、インフラストラクチャー、再生可能資源・代替エネルギー、資源加工、サービス、テクノロジー＆コミュニケーション、運輸という11分類の77業種について異なる基準を用意している。

　基準はDisclosure Topic（開示トピック）、Accounting Metrics（開示内容）、Technical Protocols（開示内容の計算・記載方法に関する説明）、Activity Metrics（企業の活動を示すための定量指標）から構成されている。サステナビリティの分析に際しては、①環境、②社会資本、③人的資本、④ビジネスモデルとイノベーション、⑤リーダーシップとガバナンスという5つの領域（Dimension）と、それに付随する26の課題カテゴリー（General Issue Category）を設定。SASBスタンダードが規定する開示項目は、この26の課題カテゴリーに紐づいている（**図表4-11**）。

④気候関連財務情報開示タスクフォース（TCFD）提言 （策定主体：FSB／TCFD）

　GRIスタンダードと並び、多くの日本企業が採用している開示基準が「TCFD提言」だ。この提言はFSB（金融安定理事会）[20]が、20カ国・地域（G20）財務相・中央銀行総裁会議の要請を受けて設立した「気候関連財務情報開示タスクフォース（TCFD[21]）」により2017年6月に発表された。

　提言の目的は、企業に対して一貫性、比較可能性、信頼性のある気候関連財務情報の開示を促し、投資家が気候変動に関連するリスクを正確に評価できるようにすることだ。

　TCFD提言には世界で4831機関（うち日本で1454機関）の金融機関、企業、政府等が賛同を表明している（2023年9月30日時点[22]）。東京証券取引所は2022年4月の市場再編以降、プライム市場に上場する企業に対してTCFD提言またはそれと同等の国際的枠組みに基づくサステナビリティ情報の開示を求めている。

　TCFD提言では11項目からなる開示推奨項目を定め、ビジネス活動に影響を及ぼす気候変動の「リスク」と「機会」について把握し、下記の項目について開示することを企業に推奨している（**図表4-12**）。

　なお、TCFDは2023年10月に解散。TCFD提言の枠組みは後述の

図表 4-12 TCFDの4つの提言と11の開示推奨項目

要求項目	ガバナンス	戦略	リスク管理	指標と目標
項目の詳細	気候関連のリスク及び機会に関わる組織のガバナンス	気候関連のリスク及び機会が組織のビジネス・戦略・財務計画への実際の及び潜在的な影響（重要な場合は開示）	気候関連のリスクについて組織がどのように選別・管理・評価しているか	気候関連のリスク及び機会を評価・管理する際に使用する指標と目標（重要な場合は開示）
推奨される開示内容	①取締役会による監視体制	③組織が選別した、短期・中期・長期の気候変動のリスク及び機会	⑥気候関連のリスクを選別・評価するプロセス	⑨気候関連のリスク及び機会を評価する際に用いる指標
	②経営者の役割	④気候関連のリスク及び機会が組織のビジネス・戦略・財務計画に及ぼす影響	⑦気候関連のリスクを管理するプロセス	⑩スコープ 1、スコープ 2 及び該当するスコープ 3[2]の温室効果ガス排出量
		⑤「2℃以下シナリオ」[1]を含む様々な気候関連シナリオに基づく検討を踏まえた組織の戦略のレジリエンス（適応力）	⑧気候関連リスクを識別・評価・管理するプロセスが組織の総合的リスク管理においてどのように統合されるか	⑪気候関連リスク及び機会を管理するために用いる目標、及び目標に対する実績

※1：産業革命前からの平均気温上昇を21世紀末で2℃以下に抑えるための分析シナリオ。※2：温室効果ガスのこと。スコープについては後述「【米国】GHG排出量に第三者保証を規定」の表を参照。環境省『TCFDを活用した経営戦略立案のススメ』2023年3月を参考に筆者作成。

IFRS財団に引き継がれている。

⑤IFRS S1・IFRS S2（策定主体：ISSB）

今後、採用が進むとみられているサステナビリティ情報開示基準が、前述したIFRS S1「サステナビリティ関連財務情報の開示に関する全般的要求事項」と、IFRS S2「気候関連開示」だ。IFRS S1は一般原則で、企業のサステナビリティ関連情報を開示するための基本的なフレームワーク、IFRS S2は特に気候変動に関連する情報の開示に焦点を当てた基準だ。

IFRS財団が2023年6月に公表した。策定の実務を担うのは2021年11月にIFRS傘下に設立されたISSB（国際サステナビリティ基準審議会）だ。

投資家による企業のサステナビリティ情報開示へのニーズが急速に高まったことから、TCFD提言をはじめ、既存の開示基準を積極的に取り込むことで、2021年11月に策定主体を設立し、2023年6月に最終基準を公表するという異例のスピードで策定された基準だ。ISSBは以下のような

アプローチに基づいて IFRS S1、IFRS S 2を策定している。

①投資家の意思決定に有用な情報を提供する
　国際財務報告基準（IFRS）と同じく、投資家等にとって有用な情報を開示することを目的とした。

②既存のフレームワーク等を基礎にした基準を開発する
　先行して基準やフレームワーク等を開発してきた複数の組織や団体の成果に基づいて基準開発を行うアプローチを採用。特にTCFD提言の4つの柱を中核として採用。SASBスタンダードの参照が要求されている。

③グローバル・ベースラインとして国際的な資本市場の期待に応える
　基準やフレームワークが乱立していた状態が解消されることが期待されている。

④企業の成熟度に応じ、段階的に開示を要求する
　サステナビリティ情報の開示は、財務諸表の開示と比べると企業の成熟度に大きなばらつきがある。バランスを考慮しながら多くの救済措置や経過措置を導入することとした。

⑤適用を支援するためのリソースを提供する
　基準を実務に定着させるため、移行支援グループ（TIG）の設立準備を進めるなど、積極的に適用を支援する。

出所：月刊誌『会計情報』2023年10月号、「IFRSサステナビリティ開示基準（IFRS S1号及びIFRS S2号）の概要」から筆者が抜粋して作成。

　TCFD提言はガイドラインであり、企業はある程度、開示内容を自由に設定できた。一方、IFRS S1、IFRS S2は形式が定まった開示基準で、企業は定められた要件に従う必要がある。特にIFRS S2は気候関連の情報開示についてTCFD提言より詳細な報告項目を定めている。
　今後ISSBでは気候関連以外のテーマ（「生物多様性、生態系および生態系サービス」「人的資本」「人権」「報告における統合」）に関する開示基準の開発も進めるとしている。

(2)IFRS S1、IFRS S2策定に至る経緯

IFRS S1、S2を除く既存のサステナビリティ情報開示基準・枠組みは、様々な組織がそれぞれの目的に応じて策定してきた(**図表4-13**)。基準ごとに理念や観点、開示すべき項目、用語が異なり、また同じ開示項目であっても「推奨」にとどまる基準と「義務付ける」基準が混在している。企業はどの基準を採用すれば良いのか、また、機関投資家は異なる基準に基づく各企業の情報をどのように比較すれば良いのかという混乱が生じていた。

混乱を解消すべく、IFRS財団が統一基準作りに乗り出したのは前述の通りだ。IIRCとSASBの合併で2021年6月に誕生したVRF[25](価値報告財団)と、CDSB（気候変動開示基準委員会）[26]を統合する形で2021年11月にISSBを設立。さらにGRIとも開示基準に関する協働に向けた合意を締結し、既存の基準を整理する形でIFRS S1、IFRS S2を策定した。

図表4-13 **主なサステナビリティ情報の開示基準**

	GRI スタンダード	国際統合報告 フレームワーク	SASB スタンダード	TCFD提言	IFRS S1、S2
目的	企業が経済、環境、社会に与えるインパクト（プラスとマイナスのインパクト及び外部に与えるインパクトと外部から受けるインパクト）を報告し、持続可能な発展への貢献を説明するための枠組み	サステナビリティ情報を含めた企業のビジネスの全体像をステークホルダーに報告する	中長期視点の投資家の意思決定に貢献することを目的に、将来的な財務インパクトが高いと想定されるESG要素の開示に関する基準を定める	企業の気候変動に関連するリスクに適切に評価することを支援する	国際的なサステナビリティ開示基準
開示の項目・対象	経済、環境、社会	財務資本、製造資本、知的資本、人的資本、社会関係資本	環境、社会資本、人的資本、ビジネスモデルとイノベーション、リーダーシップとガバナンス	気候変動関連のガバナンス、戦略、リスク管理、指標と目標	サステナビリティ関連のガバナンス、戦略、リスク管理、指標及び目標
想定利用者	マルチステークホルダー	投資家	投資家	投資家	投資家
マテリアリティ[*]	ダブル	シングル	シングル	シングル	シングル

※:マテリアリティは、141ページのコラム「シングル・マテリアリティとダブル・マテリアリティ」参照

ISSBは2023年10月に解散したTCFDから企業の気候関連開示の進捗状況監視も引き継いでいる（**図表4-14**）。今後、サステナビリティ情報の国際的な開示基準作りではIFRS財団が主導的な立場を果たしていくことになる。

図表4-14　サステナビリティ情報開示基準統合への流れ

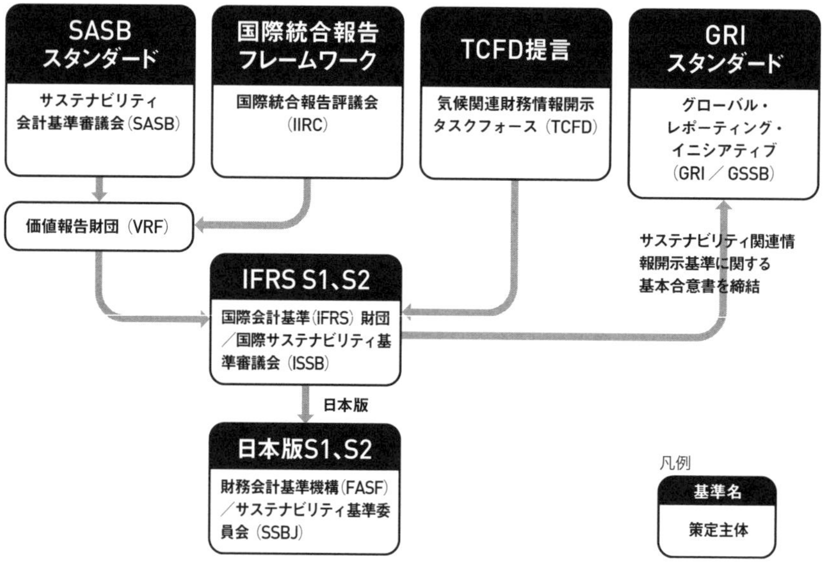

SASB スタンダード	国際統合報告 フレームワーク	TCFD提言	GRI スタンダード
サステナビリティ 会計基準審議会（SASB）	国際統合報告評議会 （IIRC）	気候関連財務情報開示 タスクフォース（TCFD）	グローバル・ レポーティング・ イニシアティブ （GRI／GSSB）

価値報告財団（VRF）

IFRS S1、S2
国際会計基準（IFRS）財団／国際サステナビリティ基準審議会（ISSB）

サステナビリティ関連情報開示基準に関する基本合意書を締結

日本版

日本版S1、S2
財務会計基準機構（FASF）／サステナビリティ基準委員会（SSBJ）

凡例

基準名
策定主体

4 国・地域でも異なる 開示基準と規制

　日本ではIFRS S1、IFRS S2をベースにした日本版の策定が進められているが、欧州や米国では異なる方向性でサステナビリティ情報開示基準の策定を進めている。

　グローバル展開する企業は、自社のみならずサプライチェーンの上流・下流も視野に、各国の最新動向も継続的にフォローする必要があるだろう。改めて日本、欧州、米国の状況を整理する。

(1)【日本】IFRS S1、IFRS S2の日本版を策定中

　多くの国内企業はTCFD提言やGRIスタンダードを使ってサステナビリティ情報を開示しているが、TCFDが2023年10月に解散、業務をIFRS財団に引き継いだこともあり、IFRS S1、IFRS S2に対する関心が高まっている。

　IFRS財団のISSB設立の動きに呼応する形で、日本でも2022年7月、公益財団法人の財務会計基準機構（FASF）傘下にサステナビリティ基準委員会（SSBJ）[28]が設立された。SSBJは国内のサステナビリティ開示基準開発と国際的なサステナビリティ開示基準の開発への貢献を目的とした組織で、IFRS財団におけるIASBとISSBの関係に対応するように、FASF傘下の企業会計基準委員会（ASBJ[29]）とともにぶら下がる形になっている（**図表4-15**）。両委員会は連携して基準等の開発に取り組んでおり、2025年3月末までに「IFRS S1」と「IFRS S2」の日本版を最終化する方向で検討作業を進めている。

　日本の場合、東京証券取引所のプライム市場に上場している企業は、事実上、TCFD提言に従ったサステナビリティ情報の開示が義務付けられている。また、全ての上場企業は、基準の規定こそないが、有価証券報告書でサステナビリティ情報を開示することが義務付けられている。将来的には全ての上場企業が有価証券報告書において日本版のS1、S2基準に沿ったサステナビリティ情報の開示を義務付けられる可能性が高い。

図表 4-15 国内ではSSBJがISSBと連携しながら
日本版S1、S2の策定を進めている

	国際的な基準の開発		日本における基準の開発	
監督	IFRS 財団		FASF	
基準設定主体	IASB	ISSB	ASBJ	SSBJ
目的	・IFRS 会計基準の開発	・IFRS サステナビリティ開示基準の開発	・日本の会計基準の開発 ・国際的な会計基準の開発への貢献	・日本のサステナビリティ開示基準の開発 ・国際的なサステナビリティ開示基準の開発への貢献

略称正式名称

IFRS：国際財務報告基準
IASB：国際会計基準審議会
ISSB：国際サステナビリティ基準審議会

FASF：公益財団法人 財務会計基準機構
ASBJ：企業会計基準委員会
SSBJ：サステナビリティ基準委員会

出所：SBBJ（サステナビリティ基準委員会）

（2）【欧州】第三者保証を義務化した「CSRD」

　欧州連合（EU）はサステナビリティ情報開示の先進地域だ。多くの企業がTCFD提言やGRIスタンダードを採用した情報開示を行っているが、より厳格な欧州独自基準の導入を進めている。欧州でビジネスを展開している場合、特に留意したいのが①日本企業も適用対象となり得ること、②サステナビリティ情報開示に第三者保証の取得が義務付けられていることの2点だ。

　EUでは2023年1月に「企業サステナビリティ報告指令（CSRD）[30]」が発効。主にEU域内の大企業・上場企業を対象としたサステナビリティ情報開示を規定したEU指令で、EU加盟国は指令内容を達成するために国内関連法の整備に着手している。

　CSRDは2014年から運用されていた非財務情報開示指令（NFRD）[31]の改正版で、適用対象企業の範囲が非常に広くなっているのが特徴だ。NFRDでも一定要件を満たすEU域内企業はサステナビリティ情報の開

示が義務付けられていた。しかしCSRDではEU域内の現地法人にとどまらず、EU域外の事業者も「第三国事業者」としてサステナビリティ情報の開示が求められるようになっている。日本企業もEU域内子会社だけでなく、日本の親会社も対応が必要となる場合があるので注意が必要だ。

また、CSRDでは、詳細かつ標準化された報告要件を規定することを目的として、開示要請項目が大幅に増えている。開示すべき要求事項を具体的に定めているのが、欧州サステナビリティ報告基準（ESRS）[32]だ。ESRSは横断的基準と環境、社会、ガバナンスに関するトピック別基準に大別され、12のパッケージで構成されている。

また、CSRDでは情報の信頼性を高めるために、前述の通りサステナビリティ開示情報には独立した第三者による保証を受けることも規定している。当初は限定的保証であるが、将来的には合理的保証（**第2章40ページ参照**）に保証水準を引き上げることを計画している。

図表 4-16 ESRSが規定するサステナビリティ情報開示項目の概要

基準の種類	トピック	基準	
横断的基準		ESRS 1	全般的要求
		ESRS 2	全般開示
トピック別基準	環境	ESRS E1	気候変動
		ESRS E2	汚染
		ESRS E3	水・海洋資源
		ESRS E4	生物多様性・生態系
		ESRS E5	資源の利用・サーキュラーエコノミー
	社会	ESRS S1	自社従業員
		ESRS S2	バリューチェーンにおける労働者
		ESRS S3	影響を受けるコミュニティ
		ESRS S4	消費者・エンドユーザー
	ガバナンス	ESRS G1	企業行動

出所：欧州委員会 サステナビリティ報告基準（ESRS）に関する委任規則

「ダブル・マテリアリティ」という概念に基づいて基準開発が行われているのもCSRDの特徴の一つだ。「マテリアリティ」とは企業・組織が優先して取り組んでいく「重要課題」のこと。環境・社会が企業に与える影響を「財務マテリアリティ（Financial Materiality）」といい、逆に企業が環境・社会に与える影響を「インパクト・マテリアリティ（Impact Materiality）」という。

　TCFD提言などは財務マテリアリティの考え方を採用している（シングル・マテリアリティ）が、CSRDは財務マテリアリティとインパクト・マテリアリティという2つの考え方で開示すべきサステナビリティ項目の重要性を判断している。

　なお、2つの概念はまったく別の考え方ではなく、ダブル・マテリアリティは、企業の活動が環境・社会に与える影響も、将来的には自社の財務状況に影響する可能性がある、という前提のもと成り立っている。なお、ISSB基準は「シングル・マテリアリティ」の考え方を採用している。

図表 4-17　シングル・マテリアリティとダブル・マテリアリティ

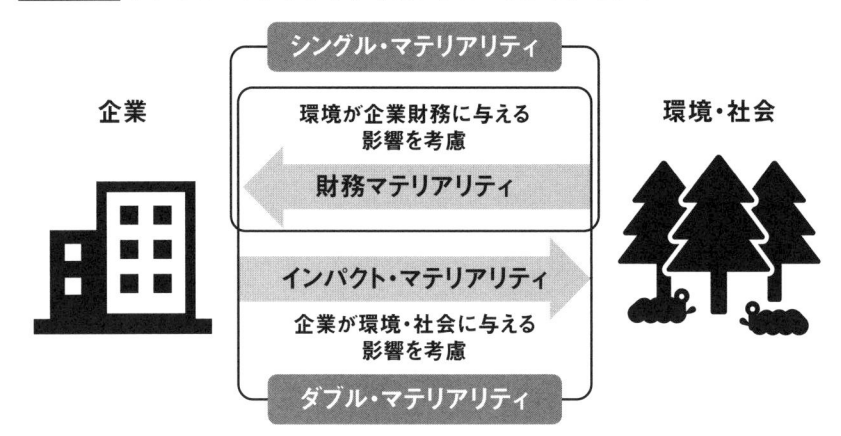

COLUMN シングル・マテリアリティと ダブル・マテリアリティ

「マテリアリティ」とは「財務に大きな影響を及ぼす要因」を示すために財務報告で使われていた用語だ。現在では企業評価の判断軸は財務指標だけではないことから、社会課題に対する取り組み、環境経営への対応といったサステナビリティ情報もマテリアリティに含まれるようになっている。そこで登場したのが「シングル・マテリアリティ」と「ダブル・マテリアリティ」という2つの考え方だ。

シングル・マテリアリティは、環境・社会が企業に与える企業価値や企業財務への影響を考慮した概念である。サステナビリティ情報の開示先として想定しているのは投資家だ。投資家が投資の意思決定を下す際には企業の業績予測が重要であり、例えば「気候変動によって財務状況に影響が生じる場合には、当該影響を加味した情報を開示する」ということになる。

一方、ダブル・マテリアリティは、企業が環境・社会から受ける影響だけでなく、企業が環境・社会に与える影響も報告すべきという考え方だ。シングル・マテリアリティと異なり、投資家だけでなく消費者、地域社会、従業員など多様なステークホルダーも開示先として想定している。

「シングル・マテリアリティ」「ダブル・マテリアリティ」という2つの概念に加えて、「ダイナミック・マテリアリティ」という考え方も注目されている。2020年9月、サステナビリティ情報の開示基準を設定する主要5団体（GRI・IIRC・SASB・CDP・CDSB）は共同声明を出し、マテリアリティを動的なものと捉えて「経済・環境・人への重要な影響を反映した事項の報告」と示している。社会が変化するのであれば、それに合わせて流動的に社会状況や科学的知見に応じて、企業戦略を変革させるべきという考えを表している。

なお CDP とは、イギリスで設立された国際的な環境非営利団体（NGO）である。2000年に発足した当初は「カーボン・ディスクロージャー・プロジェクト（Carbon Disclosure Project）」が正式名称であった。現在は、炭素（カーボン）以外にも水セキュリティ、フ

ォレストも対象になったことから、略称のCDPを正式名称としている。世界の企業に対し、気候変動、水、森林の3つのプログラムについて質問書を出すことで情報を収集しており、その情報を開示している。

CDPの活動は気候変動に関心がある機関投資家らの支持を受け、年々拡大しており、日本でも2005年から「一般社団法人CDP Worldwide-Japan」として活動を行っている。

（3）【米国】GHG排出量に第三者保証を規定

　米国では2010年に米国証券取引委員会（SEC）[33]が気候変動の開示に関するガイダンスを発表しているが、サステナビリティ情報開示を企業に義務付ける規制はない。しかし、自主的にサステナビリティ情報を開示する企業は増えている。

　そこでSECは気候関連情報を企業が開示する方法を標準化するために「気候変動開示案」を2022年3月に公表。2024年3月には最終規則を発表し、2025年12月31日に終了する年度の年次報告書から、SEC登録企業が年次報告書および登録届出書に気候関連の開示を行うことを義務付けた。

　特徴的な開示要請としては、気候関連の情報開示を非財務情報であるサステナビリティ情報のみにとどめるのではなく、財務情報として気候関連の財務指標及びそれに関連する開示を求めていることだ。財務情報は監査法人等による監査対象であり、財務諸表監査のあり方にも影響を及ぼす可能性がある。気候変動開示案には、気候関連リスク評価の指標として温室効果ガス排出量の開示が含まれている。

　一般に温室効果ガス排出量を算定する際には、排出形態によって以下のようにスコープ1〜3が定義されている。

ⅰ）スコープ1：自社での燃料使用などで生じた温室効果ガスの排出量
ⅱ）スコープ2：他社から供給された電気、熱、蒸気の使用で間接的に生じた温室効果ガスの排出量
ⅲ）スコープ3：スコープ1、2以外の自社事業に関わる全ての間接的な排出量

　SECの気候変動開示案では、スコープ1、2に関して第三者保証の規定があり、大企業は限定的保証から合理的保証へと段階的な移行を求められることになっている。スコープ3については開示要件などについて議論されている最中で、本稿執筆時点（2024年5月）では公表に至っていない。

5 | サステナビリティ情報に対する
アシュアランスニーズの高まり

(1) 保証でサステナビリティ情報の信頼性を担保

　サステナビリティ情報の重要性が高まるにつれて、開示されるサステナビリティ情報の信頼性を担保するためのアシュアランス、中でも第三者保証に対するニーズも高まることが予想される。

　前述の通り、EU域内で活動する企業はCSRDによりサステナビリティ情報全般について第三者保証の取得が要求されており、米国では、SEC登録企業に対して温室効果ガス排出量の開示について第三者保証が要求されている。

　我が国においては、サステナビリティ情報の第三者保証について法定化・制度化はなされていない。2024年2月に金融庁が金融審議会内にワーキング・グループを設置して、法改正を視野に、サステナビリティ情報開示制度導入に向けた有識者による議論を始めたのは前述の通りだ。国際的な流れを見れば、いずれサステナビリティ情報に第三者保証が求められるものと考えるのが妥当だろう。

　現状でも、一部の企業で監査法人等から任意で保証報告書を取得する動きはある。前出の事務局説明資料に我が国のサステナビリティ情報の保証の状況が記載されている。それによれば、2022年6月時点で日経225採用企業の65％がサステナビリティ情報に対する第三者保証を取得している。

　ただし、保証業務の対象範囲は企業によって様々だ。また、開示しているサステナビリティ情報の全てを保証対象としている企業はほぼなく、開示項目のうち、温室効果ガス排出量のスコープ1、スコープ2など一部の項目だけ保証を取得しているケースが大半である。

(2) 第三者保証の業務基準も整備へ

　第三者保証に対するニーズの高まりを受けて、企業が作成したサステナビリティ情報を、第三者がどのように保証するかという「保証業務基準」

も急速なスピードで開発が進んでいる。

　サステナビリティ情報へ保証を行うための保証業務基準も、開示基準同様、いくつかの基準が使われている。代表的な保証業務基準を簡単に整理しておこう。

①IAASB基準「ISAE 3000・ISAE3410」（国際監査・保証基準審議会）

　監査法人やそのグループ会社が利用している保証業務基準として国際監査・保証基準審議会（IAASB）[34]が開発した基準がある。

　IAASBは監査、品質管理、レビュー業務、その他の保証業務及び関連サービス業務に関する国際基準を策定している、国際倫理・監査財団（IFEA）[35]の下部組織だ。

　IAASB基準では財務諸表監査に関する基準とともに、保証業務の基準として以下を公表している。以下の基準は財務諸表監査に関する基準と同様の「保証業務の概念枠組み」の下に位置付けられている。

ⅰ）ISAE3000：International Standard on Assurance Engagements 3000 (Revised)、Assurance Engagements Other than Audits or Reviews of Historical Financial Information

ⅱ）ISAE3410：International Standard on Assurance Engagements 3410、Assurance Engagements on Greenhouse Gas Statements

　ISAE3000では全ての保証業務に適用される保証業務の原則的な要求事項を定めている（過去の財務諸表に対する監査やレビューは除く）。

　ISAE3410は温室効果ガス排出量の報告書に関する保証業務に特化した、より具体的な保証業務基準だ。温室効果ガス排出量の報告にとどまらず、他の情報も含めた保証が必要な場合はISAE3000とISAE3410を併用するケースが多い。

②ISO14064シリーズ（国際標準化機構）

　ISO（国際標準化機構）の認証機関などが実施する業務で多く見られる

のが、国際規格であるISO14064シリーズに基づく保証だ。ISO14064シリーズは温室効果ガス排出量の算定ルール、検証ルール、検証機関に対する要求事項に関する枠組みを提供する国際規格である。

このうち、ISO14064-3が排出量算定プロセス、算定結果の検証といった温室効果ガス排出量算定の妥当性の確認・検証に関するルールを定めている。

③AA1000シリーズ（社会倫理説明責任研究所）

AA1000というAccount Ability Standardに基づく保証業務も見られる。AA1000は英国ロンドンで設立された民間団体AccountAbilityが策定している基準だ。企業のサステナビリティへの取組みへの指針となる原則主義のフレームワークであるAA1000 Accountability Principles（AA1000AP）と、その適用状況に関する保証基準であるAA1000 Assurance Standard（AA1000AS）などで構成されている。

実務の現場では様々な保証業務基準が並立しており、その組み合わせも様々だ。結果として保証業務を提供する業務実施者の実施する手続の内容や付与する保証の水準も異なっており、保証業務提供者の倫理・品質管理基準の一貫性も保たれていない。

様々な国・地域でサステナビリティ情報に対する保証の法制化、制度化が進む中で、保証業務基準が乱立している現状を解消することが望ましいという意見も聞かれるようになってきた。

このような状況下で、IAASBは2022年9月のボード会議でサステナビリティ保証業務のグローバル・ベースラインとなる新たな保証基準を開発することを決定。2023年8月に新たな保証基準である「国際サステナビリティ保証基準（ISSA）5000『サステナビリティ保証業務の一般的要求事項』」の草案を公開した。最終版は2024年9月に承認される予定だ。サステナビリティ情報開示に第三者保証を与えるための統一基準も整いつつある。

6 | サステナビリティ領域の アシュアランスで認識すべき課題

　財務や経理、もしくはサステナビリティ関連の部署に属する方は既に気付いているかもしれないが、経営者やマネジメント層も日本企業のサステナビリティ情報の開示がここ数年で大きく変わろうとしていることを認識すべきだ。

　2008年のJ-SOX導入時、内部統制の構築に苦労したことを覚えている人もいるだろう。J-SOXは、会計システムの品質を向上させるものだった。将来、サステナビリティ情報開示に第三者保証が必要になり、合理的保証が求められるようになった場合、それは財務諸表監査と同等水準の開示品質を求められることを意味する。

　既にサステナビリティ情報の開示についてある程度の実績がある企業でも、この変化に対応できるとは限らない。省エネや環境保全に長年取り組んできた企業でも、その活動が数名の熟練した専任スタッフによって支えられていることも多い。開示情報の品質は属人的な要素が大きく、データの正確さに対する関心が低いスタッフがいる場合もある。

　サステナビリティ情報の開示に第三者保証を導入する際には、内部統制の構築、人材の育成、そして必要に応じてシステムの導入が求められる。これには相応のコストがかかる。

　サステナビリティ情報の開示を担当する役員が財務部門、サステナビリティ部門、リスク管理部門のいずれであるかを明確にし、組織内の権限を整理する必要もある。現在のサステナビリティ情報開示の仕組みでは、これらの要求に対応するのが難しいことは明らかだ。経営者は、サステナビリティ情報の開示の進化を正確に理解し、必要な変化に対して早急に対応策を講じるべきである。これには、内部統制の強化、スタッフの教育、必要なシステムの導入、そして組織内の役割と権限の明確化が含まれる。

1　令和2年10月26日 第二百三回国会における菅内閣総理大臣所信表明演説より。https://www.kantei.go.jp/jp/99_suga/statement/2020/1026shoshinhyomei.html
2　IFRSとは、International Financial Reporting Standardsの略であり、国際財務報告基準のこと。
3　IASBとは、International Accounting Standards Boardの略であり、国際会計基準審議会のこと。IFRS基準の設定主体。
4　FASFとは、Financial Accounting Standards Foundationの略であり、財務会計基準機構のこと。日本の会計基準設定主体。
5　限定的保証と合理的保証は第2章を参照。
6　PRIはPrinciples for Responsible Investmentの略で「責任投資原則」と訳される。
7　PRIブループリントより。https://www.unpri.org/download?ac=14736
8　GPIFはGovernment Pension Investment Fundの略で、年金積立金管理運用独立行政法人のこと。
9　年金積立金管理運用独立行政法人「2022年度ESG活動報告」より。https://www.gpif.go.jp/esg-stw/GPIF_ESGReport_FY2022_J_02.pdf
10　ESG指数とは調査会社が算出する指数（株式インデックス）の一種。企業が公開しているサステナビリティ情報などを基にESGへの取組み状況を調査会社が評価して組み入れ銘柄を決めている。
11　IEAはInternational Energy Agencyの略で、国際エネルギー機関のこと。
12　IEA「Scaling up Private Finance for Clean Energy in Emerging and Developing Economies」（2023年6月）より。https://www.iea.org/reports/scaling-up-private-finance-for-clean-energy-in-emerging-and-developing-economies/executive-summary
13　SDGsはSustainable Development Goalsの略で、持続可能な開発目標と訳される。https://sdgs.un.org/goals
14　環境省のWebサイトに「環境と開発に関する世界委員会（ブルントラント委員会）報告書 −1987 年− 『Our Common Future（邦題：我ら共有の未来）』概要」が掲載されている。
　　https://www.env.go.jp/council/21kankyo-k/y210-02/ref_04.pdf
16　GRIはGlobal Reporting Initiativeの略。国際的な独立標準化団体。
17　GSSBはGlobal Sustainability Standards Boardの略で、GRI傘下のグローバル・サステナビリティ基準審議会のこと。
18　IIRCはInternational Integrated Reporting Councilの略で、国際統合報告評議会のこと。
19　SASBはSustainability Accounting Standards Boardの略で、サステナビリティ会計基準審議会のこと。
20　FSBはFinancial Stability Boardの略で、金融安定理事会のこと。金融システムの安定を目的とする国際組織。
21　TCFDはTask Force on Climate-related Financial Disclosuresの略で、気候関連財務情報開示タスクフォースのこと。
22　TCFDのWebサイト「TCFD supporters around the world」。https://www.fsb-tcfd.org/
25　VRFはValue Reporting Foundationの略で、価値報告財団のこと
26　CDSBはClimate Disclosure Standards Boardの略で、気候変動開示基準委員会のこと。
28　SSBJはSustainability Standards Board of Japanの略で、サステナビリティ基準委員会のこと。
29　ASBJはAccounting Standards Board of Japanの略で、財務会計基準機構内に設置された企業会計基準委員会のこと。
30　CSRDはCorporate Sustainability Reporting Directiveの略で、企業サステナビリティ報告指令のこと。EU域内の大企業および上場企業を対象に発効されたサステナビリティの情報開示に関する指令。
31　NFRDはNon-Financial Reporting Directiveの略で、非財務及び多様性情報の開示に関する改正指令のこと。
32　ESRSはEuropean Sustainability Reporting Standardsの略で、欧州サステナビリティ報告基準のこと。
33　SECはSecurities and Exchange Commissionの略で、米国証券取引委員会のこと。
34　IAASBはInternational Auditing and Assurance Standards Boardの略で、国際監査・保証基準審議会のこと。
35　IFEAはInternational Foundation for Ethics and Auditの略で、国際倫理・監査財団のこと。

アシュアランスニーズの高まり②
自動車業界の場合

「CASE」が招き寄せる新たなリスクに備える

自動車業界は「CASE[1]」と呼ばれる大きな潮流に乗っており、もはや、ここから逃れることはできない。CASEとは「コネクテッド（Connected）」「自動運転（Autonomous）」「シェアリング（Shared & Services）」「電動化（Electric）」という、変革を迫られているクルマの4領域の頭文字をつなげた造語だ。自動車開発の新しい考え方、ひいては自動車産業の未来を語る時に欠かせない概念になっている。

単にエンジンがモーターに変わる、あるいは自動運転機能で運転がラクになるといった目先の変化のみならず、クルマというモノの「価値の革命」が起きており、完成車メーカーに限らず、自動車に関連するビジネスを展開する企業は、そのビジネスモデル自体の変革を迫られている。ビジネスモデルが変化すると新しいリスクが生じる。自動車業界で起きている事象を正しく理解し、新しいリスクに対して適切に備える必要がある。

CASE時代の新たな課題

	Connected	Autonomous	Shared & Services	Electric
新たな課題	コネクテッド・カーは大量の個人情報を生成してネットでやり取りする。個人情報の保護とハッキング対策が必要。	自動運転車両は安全性、信頼性の評価・検証が必要。また事故発生時の責任の所在を明確にすることが必要。	共有サービスの安全性、品質管理、運用の透明性。EV特有のリスクに応じた保険なども必要。	バッテリーの寿命、安全性、充電インフラの信頼性、EVの製造から廃棄までの環境負荷の評価が必要。

CASE時代に自動車業界が直面する新しいリスクを整理するために、クルマとクルマを取り巻く環境がどのように変化していくかを4つの領域に焦点を当てて説明する。

コネクテッド・カーに対するサイバー攻撃の脅威

クルマはネットワークに常時接続された「コネクテッド・カー」に進化する。CASEの「C（Connected）」だ。車両性能の修正、運転支援システムの追加、セキュリティ機能の強化、パーソナライズされたアプリの導入などといった車載ソフトウエアのアップデートは、OTA（Over The Air）によって対応できるようになる。スマートフォンで基本ソフト（OS）を更新したり、新しいアプリを追加したりするのと同じ感覚だ。

完成車メーカーはユーザーの利用状況やクルマの状態といった貴重なデータを集めて活用できるようになる。顧客の属性・行動履歴からニーズを把握し、最適化したサービスを提供することで、顧客との親密な関係構築やブランド・ロイヤルティの向上につなげることも可能だ。ユーザーから取得した情報は業界の枠を超えて共有する、あるいは国を超えて共有するケースも増えてくるだろう。

コネクテッド化によって生じる課題も多い。筆頭はデータの保護だ。コネクテッド・カーに対するサイバー攻撃は想定しなくてはならないリスクだ。攻撃対象にはクルマだけでなく、コネクテッド・サービスを提供するコネクテッド・サーバーも含まれる。サーバーにはコネクテッド・カーから収集した大量の個人情報や自動車に関する情報が蓄積されている。

コネクテッド・サービスは多数の車両にサービスを提供しているので、障害発生時の影響は大規模かつ多数の利用者に及ぶ可能性が高い。情報の漏洩だけでなく、クルマの挙動に影響が及ぶ事態に至れば、生命に関わる被害も想定しなくてはならないだろう。

コネクテッド・カーとサーバーをいかにサイバー攻撃から保護するか、サーバーで収集・蓄積しているクルマと顧客のデータをいかに保護するか、データが正しいものであることをいかに担保するか、また、事故が起きた場合の責任を誰が負うのか。世界各国で法規制も含めた枠組み作りは始まっているが、検討すべき課題はまだ多い。

既存の保証のフレームワークを活用するのであれば、第3章で紹介したSOC2のセキュリティやプライバシーに関する内部統制の保証を活用するのも一案である。

自動運転技術開発の進化と追い付かない品質不正対策

　CASEの「A（Autonomous）」である自動運転技術は、ソフトウエアの技術進化に大きな影響を受ける。

　クルマは搭載ソフトウエアで機能や性能が決まる「ソフトウエア・デファインド・ビークル（SDV）」に進化していく。ソフトウエアを更新することで、購入後でも新機能の追加や性能の向上が可能になる。例えば、自動ブレーキ（衝突被害軽減ブレーキ）の障害物検知精度向上や車両セキュリティシステムの追加といったことが、自宅車庫に停めている間にできてしまうようになるだろう。

　SDVはドライバー体験の多くをソフトウエアが提供する。ソフトウエア次第でいかようにでもなる時代になる。例えば位置情報とドライバーの嗜好を組み合わせ、現在位置に応じたサービスを提供する、ドライバーを識別してシート、ミラー、車内照明、車室内温度、オーディオの音量などをあらかじめ設定した通りに調整するといったことが、ハードウエアの制約を受けずに実現できる。

　SDV化の課題もある。車載ソフトウエアは開発段階からライフタイムを通して迅速にアップデート版を適宜提供していく必要がある。車両の開発プロセスも大きく見直さなければならないだろう。

　車両各部のセンサー類、機構部品などと車載ソフトウエアの接続には、サプライヤーや技術提携先といった様々な利害関係者との連携作業が必要だ。そもそも車載ソフトウエアを完成車メーカーが単独で開発することはほぼ不可能であろう。完成車メーカーにとって車載ソフトウエアはブラックボックスと化す。重要性を増す車載ソフトウエアを誰が開発し、どのように評価・検証し、そして誰がハードウエアとの整合性を担保するのか。セキュリティと安全性についての対策も講じる必要がある。

　しかしながら、足元の自動車業界の状況を見ると、日本においては、製造や検査に関する不正、いわゆる品質不正の発覚が続いているような状況

だ。品質不正は、業界や企業の規模を問わず、何らかの製品を製造している企業であれば起こり得るリスクとも言える。開発部署と認証を行う部署の関係性が近く、牽制が効かないといった組織的な問題があったり、自動運転のように技術の高度化が非常に早いため、業務の負荷が高まっている中で正しい仕事とのバランスを崩していったりなど、品質不正が起こる原因は様々である。

　各社とも不正防止のために様々な取り組みを実施しているはずだ。例えば以下のような対策が考えられる。

・自社の過去事例や他社事例から動機や機会など不正の原因を分析
・品質マネジメントシステムの確立
・品質主義の倫理観および社内文化の醸成
・製造・検査データの改ざんが可能な仕組みを排除

　ただ、これらの対策は企業内で完結してしまうことが多い。不正を防止する仕組みやプロセスが正しく運用されているのか、扱っているデータが適切なのか、外部の人間が判断することは極めて難しい。自動車業界で頻発している品質不正の対策でも、第三者によるアシュアランスの活用が進むと予想される。品質不正に特化したアシュアランスのフレームワークは現時点では存在しないため、第3章で紹介した保証類似業務であるAUP実施結果報告書を取得し、取引先や国土交通省などの要求に応えるということも考えられる。

他業種との連携で高度化するサービス

　前述したCASEの「A」である自動運転技術の進化は、新しいサービスを創出するだろう。次にCASEの「S（Shared & Services）」だ。ビジネスは多層化し、自動車業界はこれまで以上に多くのステークホルダーを抱え、より複雑な連携が求められるようになる。

　例えば無人タクシーやMaaS[2]（Mobility As A Service）が普及すれば、連携先は公共交通機関、ガソリンスタンド業界、飲食・小売業界、保険業界、エンタメ業界、駐車場業界、旅行・観光業界、医療業界など多岐に渡

ってくることが予想される。

　どのような社会が訪れるのか、外国人観光客を例に示そう。観光客はクルマでしか行けなかった場所に低料金で行けるようになる。交通が不便ということで敬遠されていた観光地も、立地のハンディキャップから解放されるだろう。飲食店も「公共交通で行きやすい」ことより「景色がきれい」「美しい夕日が見られる」などの条件が重視されるようになる。

　無人タクシーを使えば、宿泊、移動、観光地の見学をパックにした観光ツアーも可能になる。無人タクシーは終日借り上げる必要はない。ホテルから観光地まで移動して降車すると、無人タクシーは別の客のところへ向かう。観光終了後には観光プログラムを引き継いだ別の無人タクシーが控えており、旅を続けることが可能だ。人間のドライバーだと人材確保が大変な外国語対応も、無人タクシーなら多言語対応インタフェースを実装するのは難しいことではない。

カーボンニュートラルへの対応は必須

　最後に今のCASEを牽引している「E（Electric）」のクルマの電動化についても解説する。

　CASEの波に乗り、技術の進化や革新がますます進む自動車業界においても、避けて通れないのがカーボンニュートラルへの対応である。欧州や米カリフォルニア州のゼロエミッション車（ZEV）法、中国のNEV（新エネルギー車）規制、欧州バッテリー規制など、ゼロエミッション（排出ガスゼロ）を推進する自動車関連の規制が各国から発表されており、完成車メーカーは対応を求められている状況だ。

　日本でも投資家が企業を評価する際には、業績などに加えて非財務情報（サステナビリティに対する取り組みなど）を重視する流れにある。多くの企業がサステナビリティ情報開示に取り組んでいるが、情報の質については課題が残っている。

　特に各社が苦しんでいるのは、前出のような規制・ガイドラインに対する解釈である。規制の中には非常に抽象度の高い記載もある。これをどう解釈して、自社のプロセスやガバナンスに落とし込んでいくのか、自信を持てずに進めている状況だ。

温室効果ガス（GHG）排出量を例にとってみても、スコープ3と言われる製品の原材料調達から製造、販売、消費、廃棄に至るまでの過程において排出されるGHGの総量（サプライチェーン排出量）を、誰がどうやって収集し、投資家の開示要求に耐えうる内容のデータを揃えるのか、明確な解はまだない。各社手探りの状態である。自動車業界でもサステナビリティ情報の開示でアシュアランスを活用していく企業は増えていくことが見込まれる。地球温暖化対策において自動車業界が果たす役割は非常に大きい。今後はアシュアランスを活用した透明性の高いサステナビリティ情報の開示が強く求められていくことになるだろう。

アシュアランスはもはや自動車ビジネスに不可欠

これまで述べてきた通り、CASE到来による高度化されたクルマを使ったサービスの未来は明るく、多くの可能性を秘めている。しかし、対応しなければいけないリスクも多岐にわたる。説明してきたように、コネクテッド・カーが生成するデータの保護、ソフトウエア品質と安全性の確保、品質管理におけるプロセスとデータの妥当性、非財務情報データの透明性など、これらの信頼性を企業が単独で証明することはもはや不可能に近い。

では、どうすればいいか。解決策の一つがアシュアランスの活用だ。自動車業界では着実にニーズが高まっている。経営者の立場だけではなく、株主、顧客、サービス利用者といったステークホルダーにとっても、自動車業界が開示する情報の信頼性は非常に重要になっていく。

アシュアランスをうまく使って、いかにビジネスを広げるかは、自動車業界の経営に求められる必須の要素となるだろう。現時点ではCASE時代の自動車業界が求められるアシュアランスの枠組みは全て確立しているとは言いがたい。しかし、今後の社会においては必要不可欠な存在になると思われる。

---

1 Connected、Autonomous、Shared & Services、Electricの頭文字を取った造語。2016年にダイムラー AGのDieter Zetsche氏が初めて利用した。
2 MaaSとは、Mobility as a Serviceの略で、従来の交通手段に、自動運転などのテクノロジーを組み合わせた次代の交通サービスをいう。

5

新しいIT領域の
アシュアランス

新しいテクノロジーが生む
新たなリスクに備える

① ブロックチェーンやAIのような新しいテクノロジーによって生まれる新たなリスクを考える。
② ブロックチェーン技術の基礎とそのリスクを紹介。ブロックチェーン分野におけるアシュアランスの現状を解説する。
③ AIシステムとこれまでのシステムとの根本的な違いを理解し、生成AIの登場によって生じるリスクを検討する。各国の規制動向を基に、今後の対応を提言する。

　現代はVUCAの時代だと言われて久しい。VUCAとは変化（Volatility）、不確実（Uncertainty）、複雑性（Complexity）、曖昧（Ambiguity）という単語の頭文字をとって作られた、将来の予測が困難な状況を意味する造語だ。社会やビジネス環境の将来予測が難しい時代となった要因の一つに、テクノロジーの急速な進化がある。新しいテクノロジーは社会やビジネスを大きく変える力を持っている。この章で取り上げるブロックチェーンやAI（人工知能）は、その最たる例だ。

　経営者はVUCAの時代に対応すべく、経営戦略を見直し、社内の改革を進めていかなければならない。さもなければ時代に取り残され、現在の事業の継続すら難しくなる可能性がある。新しいテクノロジーを活用したビジネスモデルを模索することは経営者の責務と言えるだろう。

　ただし、新しいテクノロジーには新しいリスクも潜んでいる。この章ではブロックチェーンやAIの登場によって、どのようなリスクが生じるのか、そして、そのリスクをマネジメントするためにアシュアランスがどのような役割を果たせるのかを考える。

1 ブロックチェーンやAIで生まれる新たなリスク

　ブロックチェーン技術とは「情報通信ネットワーク上にある端末同士を直接接続して、取引記録を暗号技術を用いて分散的に処理・記録するデータベースの一種であり、『ビットコイン』等の仮想通貨（暗号資産）に用いられている基盤技術」[1]だ。既存の多くのシステムは、管理者である企業側がサーバー上にユーザーのデータを保有し、厳密なセキュリティ対策を施した上で保管している。ブロックチェーン技術を使ったシステムでは、ネットワーク上に特定の管理者はおらず、ユーザーが自身のデータを管理する。当然、ビジネスのあり方やリスクの内容も大きく変わることになる。

　近年ではAIの進化も著しい。これまでもディープラーニング（深層学習）技術などを応用したAIを業務に活用する動きはあったが、2022年末のチャット型生成AI「ChatGPT」の登場はエポックメイキングな出来事といってよいだろう。人々は、大きな驚きと大きな期待をもって、生成AIを迎え入れた。各企業は後れをとるまいと、こぞって業務に生成AIの導入を進めており、生産性向上に大きな成果をあげた企業も出始めている。

　しかし、新しいテクノロジーをビジネスに活用する際には新たなリスクが生じる。例えばブロックチェーン技術を使ったビジネスを展開する場合、トークン[2]の取り扱いに関する規制を熟知した上で遵守しないと、規制当局から思わぬペナルティを科せられる可能性がある。生成AIの活用も、情報漏洩や著作権侵害、倫理的な問題など、様々なリスクをはらんでいる。しかし、日本企業のAIリスク対応は十分とは言えない状況だ。デロイトトーマツ グループのAIに関する戦略的活用およびガバナンスに関する研究活動を行うDeloitte AI Instituteは、国内外企業のAI活用動向を調査している（グローバルAI活用企業動向調査[3]）。2023年版の調査における「AIリスクへの対応状況（日本とグローバル）」という項目を見ると、一部例外もあるが、全般に日本企業のAIリスク対応は世界標準から劣後していることが分かる（**図表5-1**）。生成AIのビジネス活用への期待が高まる中、世界標準レベルのAIリスク対応は企業にとって急務と言える。

　ブロックチェーンもAIも世界各国でそれぞれ規制を検討中だが、ルー

ルは完全に整備されておらず、外部の監査人によるアシュアランスは難しいのが実状だ。経営者は新しいテクノロジーの最新動向をチェックし、利活用における内部統制の確立を進めるなどして、不測の事態に対応できる企業力を整備しておくことが重要だ。次項より、新しいテクノロジーであるブロックチェーンとAIを対象にしたアシュアランスの動向を解説する。

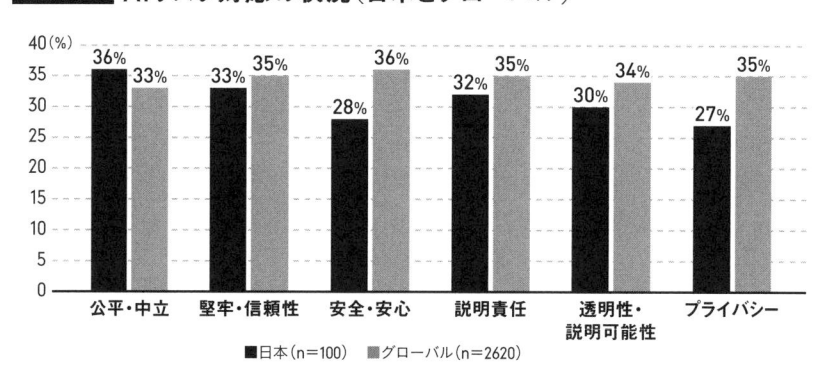

図表 5-1　AIリスク対応の状況（日本とグローバル）

出所：「グローバルAI活用企業動向調査」第5版。2022年4月から5月にかけて13カ国、2620名のグローバルビジネスリーダー（うち日本は100名）を対象に調査。

2 ブロックチェーンの アシュアランスの実態

①現状整理

2009年10月に初めて値が付いたとされる「ビットコイン」の発明から十数年が経過した。この間、法定通貨とビットコインの交換サービスを提供する取引所が出現し、多額の投資マネーが流れ込んだ。その結果、ビットコインは財産的価値を認められたデータ、いわゆる「暗号資産」として広く流通するようになった。

暗号資産の持つ「中央集権的な組織によるコントロールがない」「利用者が自由に参加して価値の記録や移転ができる」といった特徴を支えている技術がブロックチェーンだ。

既存の金融システムの制約を受けず、国境を超えて自由に価値の所有や移転ができるビットコインと、そのバックボーンであるブロックチェーンは、金融業界に革新的な世界をもたらした。その一方で、マウントゴックス社などで発生した巨額の暗号資産盗難事件のように、これまで想定されていなかったセキュリティ・インシデントも起きている。2023年には大手暗号資産取引所FTXの破綻も報じられた。暗号資産やブロックチェーンは危険だというイメージを持っている読者も多いだろう。

従来の法規制の枠組みに当てはまらない取引や価値の移転を可能にした暗号資産だが、利用者の保護、不正の抑止など、市場が適正な発展を続ける上での課題も多い。世界では法整備や制度構築について、様々な議論がなされており、環境整備は途上にある。

日本政府は、諸外国に先駆けて、利用者保護や取引の適正な管理を行うための法的整備に取り組んできた。2017年の改正資金決済法による暗号資産交換業者の規制業種化をはじめ、トークン発行による資金調達や、法定通貨と価格の連動したトークン（いわゆるステーブルコイン）の取扱業者等に対する各種規制の導入も進められた。

当初は厳しい規制に対して不満の声があったのは確かだ。実際、多くのスタートアップがシンガポールなどの海外で起業せざるを得ない状況になった。しかし、不祥事の頻発で海外市場が冷え込む一方、規制が整備され

ている日本は安全性の高い有望市場という評価を獲得しつつある。規制緩和も少しずつ進んでおり、ブロックチェーン技術を使ったビジネスを展開しやすい状況になってきている。

多くの経営者は、ブロックチェーン技術を活用したビジネスに大きな可能性を感じている。しかし、その仕組みやリスクを十分に理解していないため、ビジネスの進め方について悩んでいるのが現状ではないだろうか。

②ブロックチェーン技術の特徴

ブロックチェーンはP2P技術[4]と暗号技術を組み合わせた技術で、「分散台帳技術」とも呼ばれる。

ブロックチェーンの実態は複数のコンピューターが接続したネットワークだ。コンピューターは互いに通信し、それぞれが同じデータを保有する。データはハッシュ関数という仕組みを用いて、過去の履歴の連続性とコンピューター間のデータの整合性を保っている。データの改ざんは極めて困難だ。

高い障害耐性も大きな特徴だ。全てのコンピューターが故障したりデータを喪失したりしない限り、システム全体は正常に稼働する。

透明性の高さもブロックチェーンを使った取引の信頼性を高める要因になっている。ブロックチェーン上の取引情報は公開されており、匿名性を担保した上で誰でも見ることができる。不正を試みた形跡があれば、それを調査することも可能だ。

ユーザー自身が「データを所有できる」こともブロックチェーンの特徴の一つだ。ブロックチェーンの参加者は自身のデータの所有権を証明する秘密鍵を保持しており、秘密鍵を用いた電子署名によって、本人しか取引を実行できない仕組みを構築している。

ブロックチェーンは、取引データの記録システムとして機能するだけでなく、スマートコントラクトと呼ばれるプログラムを動かすことも可能だ。あらかじめ定義した処理を、ある特定の条件下で自動的に実行することができるため、決済の自動化なども実現できる。

こういったブロックチェーンの特徴や技術を活用した新しいビジネスの登場に大きな期待が寄せられている。

その一方で、課題もある。ブロックチェーンには銀行で現金を振り込む

時の本人確認のような人的チェックの仕組みがなく、データの所有を示す秘密鍵を持っていれば誰でも自由に取引が可能だ。一度記録されたデータは修正できず、不正取引や誤った取引を取り消すことは困難だ。例えば、ハッカーが他人の秘密鍵を何らかの方法で入手し、暗号資産の所有者を書き換えても（盗んでも）、その手続を取り消すことは誰にもできない。

非中央集権的な分散システムが正常に稼働する限り、ブロックチェーンは適切に維持されるが、特定の参加者がブロックチェーンを構成するコンピューターの過半数を支配下に置いた場合、改ざんが困難という前提条件は覆る。ブロックチェーンの信頼性が損なわれるリスクはゼロではない。

管理者不在、不特定多数が参加するというブロックチェーンの課題を解決するため、特定の企業や団体だけが接続できる制限されたネットワーク上でブロックチェーンを管理運営する例も増えてきている。

ビットコインのような暗号資産の管理運営に使われているブロックチェーンは「パブリック型ブロックチェーン」、制限ネットワーク上で動くブロックチェーンは「プライベート（コンソーシアム）型ブロックチェーン」と呼んで区別する。

図表 5-2 従来のシステムとブロックチェーンの比較

従来のシステム
取引記録を第三者が中央管理

単一の
データベース

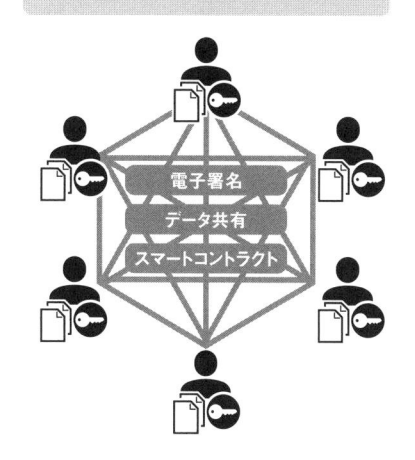

ブロックチェーン
取引記録を参加者が分散共有管理

電子署名

データ共有

スマートコントラクト

プライベート型ブロックチェーンでは管理者が参加者を認証し、取引の真正性を検証する役割を果たす。パブリック型に比べて秘匿性の高い情報を扱うことができるので、特定の参加者間で流通データを安全に共有するデータ共有基盤を構築するなど、企業間での活用がメインになると想定される。また、取引のスピードが速いというメリットもある。

　プライベート型ブロックチェーンの信頼性は、運営する企業や団体の信頼性に依存する。それでは従来の中央集権的システムとあまり変わらないという指摘もあるが、障害に強く、改ざんが難しい点などは、たとえプライベートなシステムであったとしても、信頼性を確保する上で意味があると思われる。

③新しいビジネスの可能性

　ブロックチェーン技術を新しいビジネスモデルの構築や、システムの高度化に活用しようとする試みは多数ある。金融分野ではブロックチェーンを使ってデジタル証券を発行し、ネットワーク上で移転できる仕組みが既に構築されており、実際に取引も行われている[5]。

　製造・流通の分野では、前述したようなサプライチェーン内にプライベート型ブロックチェーンを用いたデータ共有基盤を導入する動きもある。信頼性の高いデータを企業間で共有し、取引を自動化することで、人的コストの削減やリードタイムの短縮を図ろうとする試みだ。

　ゲームやエンターテインメント業界での活用も活発だ。「NFT（Non-Fungible Token：非代替性トークン）」と呼ばれる複製不可能なトークンをブロックチェーン上に生成する技術を応用することで、キャラクターやゲームなどのデジタルアイテムの自由な取引を実現するプラットフォーム（NFTマーケットプレイス）が登場している。取得したアイテムは二次流通市場での転売が可能なので、利用者は購入だけでなく収益を得る機会も手にすることができる。

　NFT取引のプラットフォームを拡大したRWA（Real World Assets：現実資産）トークンも注目されている。RWAトークンとは不動産、株式、希少価値のある物品など、現実の資産や権利をブロックチェーン上のトークンとして表現し、取引を可能とする仕組みだ。資産をトークン化することで小口投資が可能となり、取引コストも大幅に下げること

ができる。これまでにはウイスキーの樽の権利や、ホテルの宿泊権などをトークン化して取引した事例もある。

ブロックチェーンの特徴である非中央集権的システムは、Web3[6]と呼ばれる新たなインターネット活用の可能性も秘めている。将来的にはインターネット上で個人を認証するアイデンティティ管理ができたり、「DAO（Decentralized Autonomous Organization：分散型自律組織)」と呼ばれる新たなガバナンスの仕組みへ応用したりすることにも期待が集まっている。

ブロックチェーン技術を活用した新しいビジネスが続々と登場している現在の状況は、インターネットの黎明期に似ているという指摘もある。インターネットはビジネスに欠かせないインフラになっているが、将来、ビジネスでのブロックチェーン活用は当たり前とされる時代が来るかもしれない。

④ブロックチェーン活用におけるリスク

ブロックチェーン活用ビジネスへの参入を目指す企業は、ブロックチェーン特有のリスクも考慮すべきだ。ブロックチェーンは企業が単独ではコントロールできない外部の技術であり、その性質やリスクを正しく理解し、適切に対処しなければ、思わぬインシデントに遭遇し、事業そのものが立ち行かなくなる可能性すらある。

例えば、企業が新たなサービスの開発資金を調達するために、ブロックチェーン上でトークンを発行するとしよう。トークンは新サービスの開発に賛同する一般消費者に対して販売する。購入者はトークンを転売することも可能だが、保有し続けてもいい。トークンを保有していれば、将来リリースされるサービスで特別な優遇を受けることができる。このようなビジネスモデルには、どのようなリスクが存在するだろうか。

まず、企業は発行するトークンの法的性質を明らかにしなくてはならない。トークンが国内法における暗号資産に該当する場合、販売は暗号資産交換業として金融庁に認可された企業に限られる。一般事業会社が暗号資産交換業の認可を受けるのは非常に難易度が高い。発行者と販売者を分離し、暗号資産交換業者にトークンの販売を委託するのが現実解だ。ただしこの場合でも、発行者には資金使途の厳格な管理や定期的な開示等が義務

図表 5-3　企業によるトークン発行のイメージ

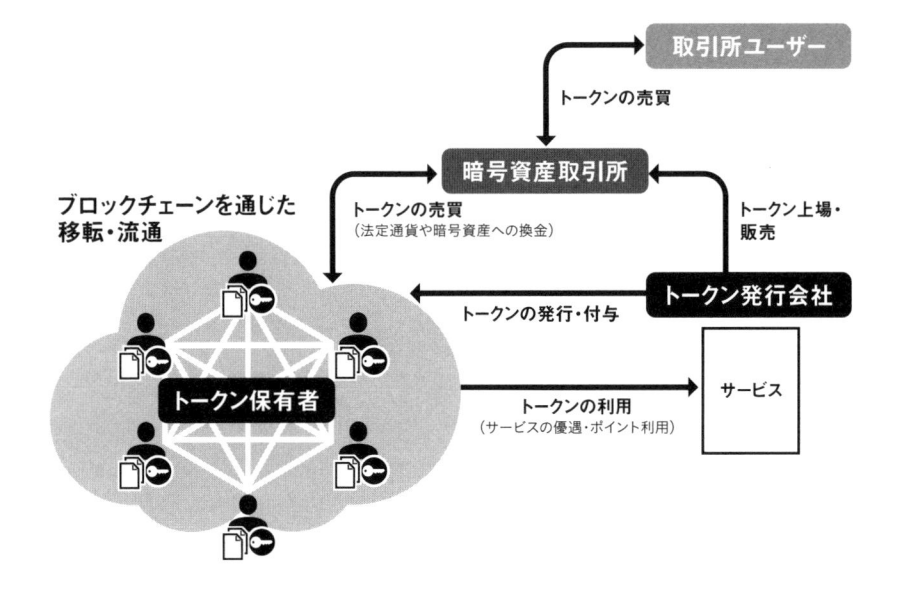

として課せられる。発行者はこうした法令を遵守する社内体制の構築が必要となる。

　第二に考慮すべき点は、遵守すべき法令が国内にとどまらないことだ。トークンはブロックチェーンを通じて自由に移転できるため、流通の範囲を制限することが難しい。海外の居住者がトークンを入手した場合、発行者もトークンを入手した者が居住する国の規制を受ける可能性がある。

　例えば日本では暗号資産と見なされるトークンでも、海外では証券と見なされる場合がある。米国では、証券の発行手続を踏まずにトークンを発行している複数の事業者に対し、SEC（Securities and Exchange Commission：米国証券取引委員会）は証券募集の登録届出義務に違反しているとして訴訟を提起している。2020年の米リップル社に対する訴訟[7]などがその代表例だ。

　日本企業が発行したトークンであっても外国法の規制を受けるリスクを考慮すべきだろう。また、規制が未整備の国でトークンが流通した場合のリスク評価とそのマネジメントは、非常に慎重な対応が求められる。トークンの発行を考える企業は、トークンの流通範囲やその性質を踏まえてど

のような法的リスクがあるのか、法令やコンプライアンスの専門家の意見を参考に、ビジネスを進める必要がある。

ビジネスを推進・展開するためのパートナー選びも難しいポイントだ。参入を検討する企業の多くは、実績を持つビジネスパートナーと手を組み、技術面やマーケティング面での支援を受けながらスタートを切ることになるだろう。しかし、多くの新興企業が続々と誕生し、まだ十分な歴史があるとは言いがたいこの業界において、ビジネスパートナーの能力や信頼性を適切に評価することは難しい。例えば、トークンを暗号資産取引所に上場させるような場合、各国の法令は遵守できているのか、マネーロンダリング対策やセキュリティ対策は十分か、他にどのようなリスクを想定すべきか——といった確認事項が次々と現れてくるはずだ。経験の乏しいビジネスパートナーでは対応できないケースも出てくるだろう。リスクが高い業務をビジネスパートナーに任せる場合は、本書で述べてきたアシュアランスの活用も一つの選択肢になる。

⑤社内の内部統制を構築する重要性

内部・外部の不正を想定した厳格な秘密鍵のセキュリティ管理ができる環境を構築することも重要だ。ブロックチェーンではトークンの移転だけでなく、発行や消却にも秘密鍵を使う。秘密鍵が盗まれるとトークンの不正発行、不正移転のリスクが生じる。

不正を防止・発見するためには、多段階の物理的・論理的セキュリティ対策やサイバーセキュリティ対策を備えたシステム、それを確実に運用する体制の構築が不可欠だ。自社にセキュリティ対策のノウハウがない企業は、暗号資産やトークンをセキュアに保管するためのウォレット機能を提供する SaaS を利用するケースも増えている。

ブロックチェーン上でトークンの流通を制御するプログラム「スマートコントラクト」の脆弱性を排除するシステムの開発体制も必要だ。スマートコントラクトはトークンの規格を決定したり、生成・移転・消却などの機能を追加したりするプログラムだ。仮にスマートコントラクトにバグや脆弱性が存在した場合、取引が正しく処理されなかったり、不正にトークンの発行や移転が行われたりするなどの問題が生じる可能性がある。企業にはプログラムの品質を担保し、未承認の変更を防止するための内部統制

の構築が求められる。

　技術的な側面から言えば、ブロックチェーンの選定も重要な要素だ。ブロックチェーンは数多くの種類が存在し、その特徴は様々だ。自社のビジネス目的を達成するためのスペックが備わっているか、その信頼性の高さはどうかなどについて企業は検討しなければならない。具体的には、次のような点が、主要な検討事項となるだろう。

・ガス代[8]と呼ばれるブロックチェーンの利用料はどのくらいか
・処理スピードは、自社のサービスに対応できるか
・ブロックチェーンを構成するコンピューターは十分に分散しているか
・取引の処理とネットワークを持続させる仕組みが機能しているか
・二重払いや不正な取引が生じ得る脆弱性はないか
・プロトコルの変更に関するガバナンスが機能しているか
・報告されたバグが適時に修正されているか

　こうした情報を、ブロックチェーンの開発元やネットワークの状況などから収集し、定期的なリスクの評価と対策の検討を行うことが肝要となる。

図表 5-4 **ブロックチェーンビジネス参入で想定すべきリスク**

代表的なリスク	検討ポイントの例
法的リスク	・トークンの発行スキームは法令に準拠しているか ・法令を遵守するための内部管理体制が構築されているか ・海外の法令に違反する可能性はないか
ビジネスパートナーのリスク	・ビジネスパートナーの実績、能力は十分か ・ビジネスパートナーとの協働がもたらすリスクを適切に評価・対処しているか
セキュリティリスク	・内部、外部の不正を想定した秘密鍵のセキュリティ対策は十分か ・スマートコントラクトの品質は確保されているか
ブロックチェーンのテクノロジーに関わるリスク	・ブロックチェーンの信頼性に問題はないか ・ブロックチェーン技術に精通した人材が確保できているか
財務報告リスク	・ブロックチェーンビジネスを適切に財務報告へ反映させるための体制が構築できているか

また、会計処理や監査への影響が大きいことも承知しておいてほしい。ブロックチェーン関連ビジネスの実務は発展途上にあるため、監査法人等はリスクの高い領域と見なす傾向にある。トークンの価値を財務諸表に適切に反映し、必要かつ十分な説明責任を果たすためには、前述したような法令違反リスクやセキュリティリスクに適切に対処するための内部統制を構築することに加え、会計処理とその根拠となる情報（ブロックチェーン上の取引記録を含む）を提示することが、経営者には求められる。

2023年に自民党デジタル社会推進本部web3プロジェクトチームが公表した「web3ホワイトペーパー」では、企業がWeb3・ブロックチェーン関連ビジネスに参入するにあたり、監査受託の機会確保が課題となっていると指摘している。このような提言をきっかけに、事業者と監査法人等の双方のコミュニケーションの促進が図られ、各種ガイドラインの開発が進んだ[9]。最近では大手企業の中でも独自のトークンの発行をしようとする動きが見られる。

⑥経営者に求められる柔軟なリスクマネジメント

ブロックチェーン技術がシステムの高度化や、新ビジネスを創出する機会を提供してくれるのは確かだ。しかしこれまで見てきたように、経営者がリスクを検討すべき領域は、法令の遵守、会計、情報セキュリティ、内部統制と多岐にわたる。実際の技術的な評価や実装に関しても、ブロックチェーン技術に詳しい専門人材は不足しており、確保は難しいのが実状だ。技術的な知見や運用に関わるノウハウの蓄積も課題となるだろう。

今後、様々な分野での導入が進み、市場が拡大していくにつれ、一定の標準が確立され、法的な枠組みも整えられていくと考えられる。しかし、将来、ビジネスの環境が整ったとしても、経営者にとってはビジネスモデルの立案と同時に高度なリスクマネジメントが求められる分野であることは変わりない。

本稿執筆時点（2024年5月）では、第三者がブロックチェーン技術の活用についてアシュアランスを提供できる範囲は限られている。特にパブリックブロックチェーンについては、管理者がいないため、保証の対象として捉えるのが非常に難しい。今後、どのような領域でブロックチェーン関連のアシュアランスが求められるか、多くの議論が進んでいくものと思

われる。

　一方、プライベート（コンソーシアム）型ブロックチェーンについては、日本公認会計士協会が「非パブリック型のブロックチェーンを活用した受託業務に係る内部統制の保証報告書に関する実務指針[10]」を公表しており、監査法人等が保証報告書を発行することが可能となっている。この保証報告書では、一般的なシステムで評価対象となる統制に加え、暗号技術や取引の検証メカニズム等のデータの信頼性を確保するための仕組みの理解や、秘密鍵のセキュリティ管理体制など、ブロックチェーン固有のポイントが確認対象となっている。

　今回紹介したリスクの事例は、あくまで代表的なものだ。ブロックチェーンの活用方法や取り扱うデータの性質によって関連する規制も異なってくる。このような状況において、経営者に求められることは、必要な情報を把握した上でリスクを適切に評価し、ビジネス目的を達成するための柔軟な判断を下せる体制を構築することであろう。

　特に未知の領域が多いブロックチェーンのような分野においては、外部の専門家を含めた適切なリソースをいかにうまく活用できるかが、ビジネスを成功に導く鍵となるだろう。

〔COLUMN〕 ブロックチェーンの主戦場はどこ？

マイクリプトヒーローズ[11]というゲームをご存じだろうか。歴史上のヒーローを育成してバトルを行うロールプレイング・ゲームで、ゲーム内で入手したアイテム等は、ブロックチェーンに記録されているNFT（非代替性トークン）として売却・換金できる。日本初のブロックチェーンゲームであり、ブロックチェーンゲームとして世界No.1のユーザー数、トランザクション数を記録している。

このようなゲームのプレイヤーの多くは若者だ。ブロックチェーンと聞いて、このゲームを思い浮かべる経営者はまれだろう。

だが、暗号資産で事業資金を調達する手段のICO（Initial Coin Offering）・IEO（Initial Exchange Offering）や、セキュリティ・トークンで資金調達を図るSTO（Security Token Offering）など、フィンテックと呼ばれる金融領域でのブロックチェーン活用は耳にしたことがある人も多いのではないだろうか。

実は、ブロックチェーンビジネスの主戦場は非金融領域に移ってきている。ゲームのほか、医療、不動産取引、物流など、多くのビジネスにおいてブロックチェーン技術が活用されている。自社のビジネスにブロックチェーンは関係ないと思うのではなく、ブロックチェーンを生かしてビジネスをいかに拡大するか、その際のリスクは何か、そのリスクをいかにマネジメントしていくかを考えることが重要である。

ブロックチェーンは技術的に難解であり、情報の非対称性が非常に大きい技術領域だ。経営者が受託責任を果たす上でアシュアランスを活用する意義は今後増してくるだろう。

3 | AIのアシュアランスと 生成AIの新たなリスク

　2022年後半に突如現れたChatGPTに代表される「生成AI」。その使いやすさもあり、企業を含めた一般での利用が爆発的に増えている。AI自体はこれまでも企業内で使われてきたが、従来のAIは専門性が高く、利用者や用途が限られていた。しかし、生成AIの登場で企業内でのAI活用は次の段階に突入したと言えるだろう。

　ただし、AIには固有のリスクも存在する。企業が適切なリスク管理なしにAIを活用すると、法令違反や罰金の支払いなど、大きな痛手を被る危険性がある。各国政府は、こうしたAI固有のリスクをコントロールすべく、特定領域でのAI利用禁止や、認証を必須とするような規制の議論を進めている。AIサービスやシステムの開発企業、提供企業、利用する企業は、自主的にリスク対策やガバナンス構築に取り組むだけでなく、外部の視点から自社の対応状況を評価するアシュアランスの取得を検討しなければならない段階に来ていると認識した方がいいだろう。

①幅広い視点で検討が必要

　AIの定義については専門家の間でも一意に定まっていないが、ここでは「各種のデータを基に統計的な学習を行ったモデルプログラムを用いて、利用目的に沿ったデータを出力するシステムやその結果を提供するサービス」と定義する[12]。

　図表5-5に示した通り、従来型のシステムは演繹的アプローチを採用していた。システム設計者である人間がシステムの挙動について条件判定式を定義し、入力データに対して定義通りに計算や判断が行われるようにプログラミングする。設計者が入力データと出力結果の因果関係を説明できるホワイトボックスシステムだ。

　対してAIシステムは帰納的なアプローチを採る。システムを構築する際、計算式や条件判定式は人間が定義するのではなく、AIシステム自体が統計的な学習によって定義する。実際に構築されたAIシステムがどのような条件判定式により結果を導いているのか、人間には解読が困難な場合も

図表 5-5 従来型のシステムとAIシステムの特徴

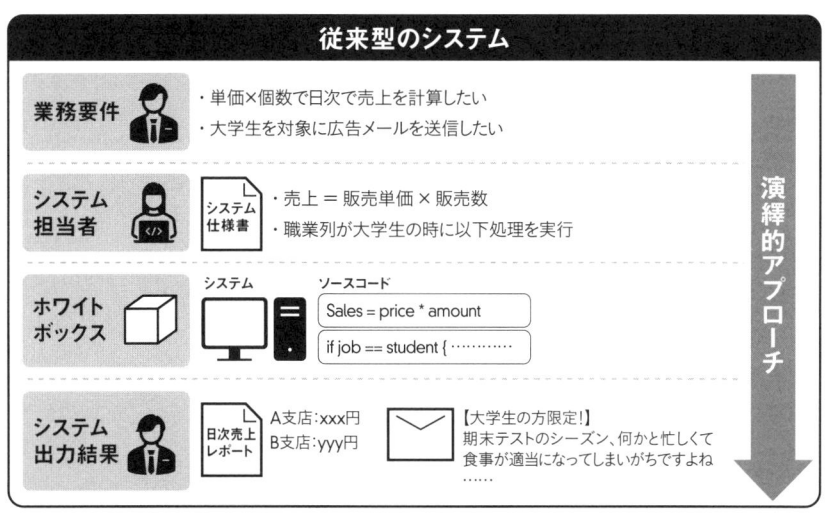

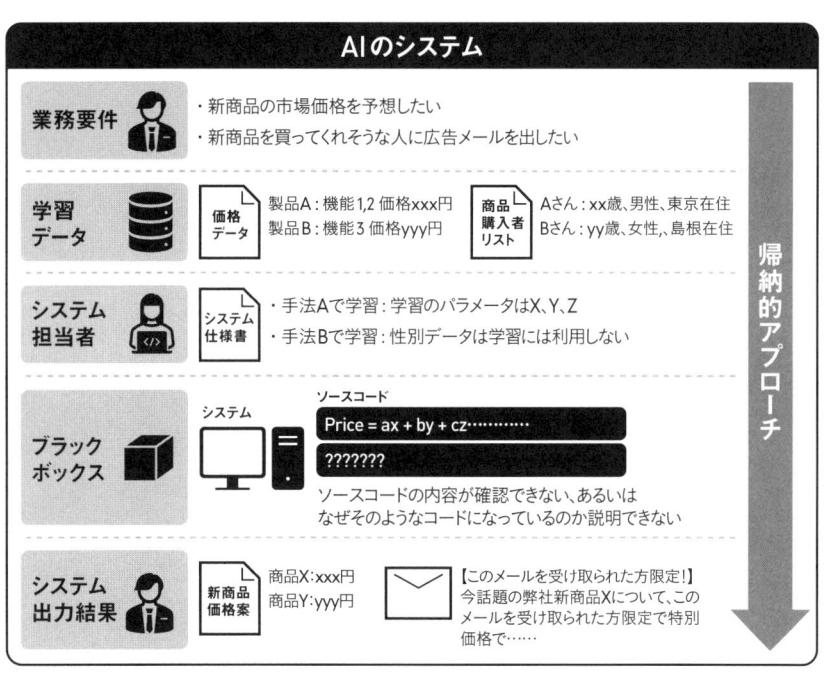

多い。いわばブラックボックスシステムであり、このことがAI固有のリスクを生み出す大きな原因の一つになっている。

　AIサービスやシステムを開発、提供、利用する際には、従来型システムより幅広い視点でリスクを検討する必要がある。検討すべきリスクはAI固有のリスクとは限らない。人間が作業をしても同じリスクは存在したが、AIが人間の作業を代替することで表面化し、追加的な対応を求められるようになったリスクも多い。

　例えば、金銭貸し付けの与信審査システムを考えてみよう。従来は与信を通すかどうかの条件判定式を人間が定義してシステムを開発してきた。定義した条件が妥当ではないリスクはこれまでも存在したが、人間が決めるしかないものであり、その妥当性が厳しく問われることはなかった。だが、AIに与信審査を委ねると何が起きるだろう。AIがどのような条件で与信を判断したのかはブラックボックスであり、審査結果の妥当性、信頼性が新たなリスクとして浮かび上がってくる。

②AI特有のリスク

　ここからはAIに関連する代表的なリスクについて見ていこう。頻繁に取り上げられるのが公平性やバイアスのリスクだ。特定の属性を持つ入力に対し、AIが社会的に許容されない差別的な判断をしてしまうというリスクだ。

　例えば求人採用の判断にAIを使った場合、特定の性別や人種、出身地等の属性に対して明確に不利な判断を下すといったケースが考えられる。AIが下した差別的判断をそのまま人事担当者が採用してしまうと、不利益を被った応募者から企業は訴えられる可能性がある。採用における差別的な取り扱いを禁じるような法令に触れるリスクもあるだろう。

　このような差別的判断はAIの不適切な学習の結果であり、システムの構築段階で適切な条件判定式を定義できなかったことに起因する。不適切な属性情報についてはあらかじめ学習データから除外しておく等、学習段階から適切なリスク対策を行う必要がある。

　AIはブラックボックスとして機能することから、判断基準を明確にするのが難しいというリスクもよく取り上げられる。企業はその行動や判断の妥当性をステークホルダーに対して説明し、結果について責任を負うこ

ととされる。AIの判断を採用した結果、望ましくない事態を招いたとしよう。不適切な判断の理由をステークホルダーに問われた時、「AIが判断をしたことなので、良く分かりません」といった回答では説明責任を果たしたことにならない。このようなケースは、説明責任が求められる重要な業務にAIを導入したこと自体が問題だと言える。

　AIシステムを開発、利用する際の新たなリスクとして無視できないのが、学習データの取り扱いだ。セキュリティの観点から言えば、学習データが適切に保護されているかどうかが重要となる。また、プライバシーの観点では個人が共有を望まない属性データの除外や、誤った個人評価の修正の可否についても検討が必要だろう。さらには、AIの開発や運用を他社に委託したり、他社のAIサービスを利用したりしている場合は、外部委託先からデータが漏洩したり、意図せずして他の目的に利用されるリスクも検討しなければならない。

　経営者は、従来型のシステムとAIシステムの違いを深く理解した上で、多面的にリスクを識別し、それらのリスクに対してしかるべき対応を実施する、そのリスク対応状況について適切な評価をすることも大切になってくるだろう。

③AIリスク管理の重要性

　AIシステムの開発者、サービスの提供者、利用者が、それぞれの立場で求められる適切なリスク対策を怠るとどのような結果が待っているのだろうか。

　世界各国の政府はAIの利用に関する規制について議論を進めている。本稿執筆時点（2024年5月）ではAIの利用を法令で禁じている国、適用を禁じている用途・分野はまだ少ない。しかし将来的には、企業内でのAIシステムの利用やデータの管理状況について、アシュアランスの取得を法令で義務付けるような国も出てくるだろう。法令違反を犯せば罰金の支払いや取引停止措置が求められるかもしれない。

　AIを使ったシステムやサービスを活用する企業であれば、AIの判断で不利益を被った顧客から訴えられる可能性もある。先に述べたようにAIによる判断について説明責任を果たせないと、株主や規制当局から追及されるといった事態も想定できる。

生成AIでもリスク対策が重要なのは同様だ。不適切な質問を入力すると機密情報が漏れたり、出力結果の利用時に著作権等の他者の権利を侵害したりすることも考えられる。仮に罰金等の金銭的な損失がなかったとしても、AI関連の不祥事が明るみに出れば企業の評判は大きく傷つく。製品やサービスが消費者から嫌厭されることで間接的な被害を受けることもあり得る。

このような状況を未然に防ぐには、AI関連のリスクを適切に低減するAIガバナンスの構築が必須だ。また、ガバナンスは構築する側の自己満足で終わることなく、正しくリスク低減策が機能しているかどうかを客観的に評価しなければならない。

本稿執筆時点（2024年5月）でAIのアシュアランスの取得を必須[13]とする強制力のある法令はまだ少ないが、事前に対応することで、先行者利益を得られる可能性も高い。自社のガバナンス状況や各種規制の遵守状況を、企業の内外から評価することは、リスク対策の点検やさらなるガバナンス強化といった観点でも有益だ。

④AIに対するアシュアランスの特徴

AIに対するアシュアランスは、従来型システムに対するアシュアランスとの共通点も多いが、AI固有の特徴的な論点も多数ある。これらの論点が複雑に絡み合うことでAIに対する評価の議論を難しくしている。従来型のシステムとAIに対するアシュアランスの共通点と、AI固有の論点を整理したのが図表5-6だ。

従来型のシステムに対する規程、手続類に加えて、AI固有のポリシーや手続を準備するケースもあるだろう。だが、全社の利用戦略やシステム開発に関する管理ルール、システムに関するセキュリティ管理、日々の運用業務等の統制活動に対する評価などの論点は、従来型のシステムとAIを活用したシステムやAIが組み込まれたシステムで大きく変わるものではない。そのため、従来のシステムを評価する際の知見がAIのアシュアランスに応用できる部分があるのも確かだ。

その一方で、図表5-6の「既存システムとAIのアシュアランスにおける共通点とAIに特徴的な論点」には、これまでのシステムに対する評価ではあまり着目されてこなかった内容や新しい論点が含まれており、まだ

図表5-6 既存システムとAIのアシュアランスにおける共通点と
AIに特徴的な論点

共通的な論点、統制活動	AIに特徴的な論点
➡全社の利用戦略や教育体制	➡公平性に代表されるような、定義が困難な主題設定
➡システム開発管理、変更管理	➡適切なデータ管理の実施状況を確認するデータガバナンス
➡組織内外のアクセスセキュリティ、サイバーセキュリティ管理	➡継続学習の結果、実行タイミングによって出力内容が変わるシステムの取り扱い
➡障害対応やオペレーションのモニタリングなど、日々の運用業務	➡世界各国で統一されていない各種規制の動向

対応方法が確立できていない論点も多い。例えば「公平性」を判断するには、そもそも「公平である」という状態の定義から検討を始めなければならない。AIに対する評価の実施に向けたフレームワークの議論を進めながら試行錯誤を繰り返し、ベストプラクティスを見つけて手続を確立していく必要があるだろう。

⑤AIに対するアシュアランスの世界的動向

　既に述べてきているように、各国においてAI利用やAIガバナンス構築の規制や制度についての議論が進んでいる。その監査や保証、認証制度の枠組みについては、各種公的機関や民間団体、アカデミアによって具体的な議論が行われ、各所より意見募集がされている状況だ。

　特に罰則を伴うような規制（ハードロー）の場合は、ルールの遵守状況を何らかの形でチェックする必要がある。各国の規制や制度の制定に合わせ、監査や保証、認証の際の手続も整備されていくと想定される。こうした各国の動向は、該当する国・地域でサービスを展開している企業はもちろんのこと、域外で活動している企業にも適用される可能性があるので注視が必要だ。

　AI活用におけるプライバシーやバイアス・差別などへの考慮といった、

いわゆるハイレベルな原理原則・価値観については、特定の国や地域で、既にいくつか公表されている。それぞれの国の文化や歴史的背景に応じて重視している項目に差はあるものの、基本的には、2019年5月に採択されたOECDのAI原則（包摂的な成長や透明性及び説明可能性等）の考えが反映されているものと思われる。

2024年5月には生成AIの急速な発展を受けて、このOECDのAI原則の見直しが行われた。この改訂では生成AIと関連する誤情報、偽情報への対処や、近年脚光を浴びている環境の持続可能性等が追加で言及されている。また、2023年12月には、広島AIプロセス[14]の成果である「広島AIプロセス包括的政策枠組み」をG7首脳が承認した。これは高度なAIシステムの普及を目的とした指針と行動規範からなる初の国際的政策枠組みだ。このベースとなる指針が図表5-7のように制定された。

とはいえ、こうした原則を実務レベルに落とし込んでルール化し、各企業やAIサービスに遵守させる方法となると、国や地域ごとに取り組みの差があり、統一された動きにはなっていない。本稿執筆時点（2024年5月）での代表的な国や地域の動向を見てみよう。

●EU

EUはハードローアプローチを採用する。禁止領域でのAI利用には多額の罰金を伴うEU AI Act（EU AI法案）[15]が2024年5月に欧州連合の理事会で承認された。アシュアランスとの関連で言えば、特に「ハイリスクAI」に該当するAIサービスを提供する場合、各種義務事項の中に適合性評価が存在し、アシュアランスの取得と密接な関係がある。EUでは欧州一般データ保護規則（GDPR[16]）が施行されており、特にプライバシーや人権に関する意識が高く、AIに関しても関連規制とともにハードローアプローチによる規制の適用継続が想定される。

●米国

ハードローアプローチを採る州や市もあるが、連邦レベルではソフトロー（強制力を持たない規範）アプローチを採用している。州や市レベルで施行されている特徴的なハードローに、ニューヨーク市の「AEDT[17]（Automated Employment Decision Tools：自動化された雇用決定ツ

図表 5-7 高度なAIシステムを開発する組織向けの広島AIプロセス国際指針

1	AIライフサイクル全体にわたるリスクを特定、評価、軽減するために、高度な AIシステムの開発全体を通じて、その導入前及び市場投入前も含め、適切な措置を講じる
2	市場投入を含む導入後、脆弱性、及び必要に応じて悪用されたインシデントやパターンを特定し、緩和する
3	高度な AIシステムの能力、限界、適切・不適切な使用領域を公表し、十分な透明性の確保を支援することで、アカウンタビリティの向上に貢献する
4	産業界、政府、市民社会、学界を含む、高度な AI システムを開発する組織間での責任ある情報共有とインシデントの報告に向けて取り組む
5	特に高度な AIシステム開発者に向けた、個人情報保護方針及び緩和策を含む、リスクベースのアプローチに基づく AIガバナンス及びリク管理方針を策定し、実施し、開示する
6	AIのライフサイクル全体にわたり、物理的セキュリティ、サイバーセキュリティ、内部脅威に対する安全対策を含む、強固なセキュリティ管理に投資し、実施する
7	技術的に可能な場合は、電子透かしやその他の技術等、ユーザーが AIが生成したコンテンツを識別できるようにするための、信頼できるコンテンツ認証及び来歴のメカニズムを開発し、導入する
8	社会的、安全、セキュリティ上のリスクを軽減するための研究を優先し、効果的な軽減策への投資を優先する
9	世界の最大の課題、特に気候危機、世界保健、教育等（ただしこれらに限定されない）に対処するため、高度な AIシステムの開発を優先する
10	国際的な技術規格の開発を推進し、適切な場合にはその採用を推進する
11	適切なデータインプット対策を実施し、個人データ及び知的財産を保護する

出所：広島AIプロセス

ール）法」がある。従業員の採用や昇進の検討にAIを活用した自動雇用ツールを使う場合、独立した監査人によるバイアス監査を受けなければならず、罰則もある。連邦レベルでは、NIST（National Institute of Standards and Technology：米国国立標準技術研究所）が公開した「AI Risk Management Framework」がソフトローの代表例だ。これは、AI技術のリスク管理のためのガイダンスで、法的拘束力はないが、NISTの知名度とともにAIガバナンスの構築目的で広く参照されるドキュメン

トとなっている。2024年4月には生成AIを対象にした「AI RMF Generative AI Profile」のドラフト版も公開され、生成AIに対するリスク管理フレームワークとして注目されている。

一方、2023年10月に米バイデン政権は「AIの安心、安全、信頼できる開発と利用に関する大統領令[18]」を発行し、連邦レベルの法規制の動きとして話題を集めている。EU AI Actのように一部のAI利用を禁止するものではないが、今後策定される基準やガイドラインに沿った対応が各企業に求められ、重大なリスクを伴う基盤モデルの開発時には、テスト結果を連邦政府と共有することも義務付けられている。

米国はGAFAM[19]のようなAI技術を先導する先端開発企業を多く抱えている。技術競争の観点からも、この大統領令でハードローアプローチへと大きく方針転換したとは言い切れないが、今後の動向には注目する必要があるだろう。

●中国

他国に先行する形で国家レベルでのハードローが採用されている。特定のAIサービスやアルゴリズムについては、安全評価を申告または届け出なければならない。違反時には多額の罰金や許可の取り消しといった罰則もある。中国国内でサービスを提供する場合には注意が必要だ。

●日本

日本においては継続してソフトローアプローチが採用されている。厳しく規制するのではなく、イノベーションを優先する姿勢が見てとれる。技術で先行する海外諸国との競争意識や、漫画やアニメを通じてAIやロボットとの親和性の高い文化があることもこのような姿勢の要因だろう。直近の動きとしては、これまで議論されてきた「AI開発ガイドライン案」「AI利活用ガイドライン」「AI原則実践のためのガバナンス・ガイドライン」を発展的に統合する形で「AI事業者ガイドライン（第1.0版）」が公表されたが、その中でも非拘束的なソフトローにより目的達成を目指すゴールベースの考え方が示されている。

AI事業者ガイドライン（第1.0版）別添（付属資料）では内部監査部門や外部監査主体によるAIマネジメントシステムの評価について言及され

ており、アシュアランスの取得と関係が深い内容となっている。一方で、これまでの全体の潮流としてはソフトローアプローチではあるものの、2024年5月に実施されたAI戦略会議では法規制の議論が行われている。また、自動運転に代表されるような特定の業界、領域においてはハードローアプローチが採られているケースもある。現行の業法や規制法、今後の政府の動向を確認の上、AIの利用ケースを個別に確認して読み違えのないようにする必要がある。

　主要な国、地域の動向は以上の通りだが、文化的、歴史的な背景の違いから各国のアプローチは様々で流動的な部分も多い。過度に厳格な規制はイノベーションを妨げる要因となり、競争力の弱体化につながりかねない。

図表 5-8　代表的国・地域の規制動向とアプローチ

	EU	米国	中国	日本	その他諸外国
アプローチ	ハードロー	ソフトロー／ハードロー	ハードロー	ソフトロー	各国次第ではあるが、本稿執筆時点ではソフトローアプローチが多い
代表的な規制、ガイドライン等（本稿執筆時点で施行前のものも含む）	EU AI Act (2024/5)	AIの安心、安全、信頼できる開発と利用に関する大統領令※1 (2023/10) ニューヨーク市条例AEDT法※2 (2023/7) NIST AI Risk Management Framework (2023/1)	生成型人工知能サービス管理暫定弁法（生成式人工智能服務管理暫行办法）(2023/7)	AI事業者ガイドライン（第1.0版）(2024/4) AI原則実践のためのガバナンス・ガイドライン (2022/1)	Guidelines for AI procurement (英国) (2020/6) Directive on Automated Decision-Making (カナダ) (2020/4)
監査／認証／保証との関連	ハイリスクのAIシステムについては適合性評価の実施が必要	ニューヨーク市AEDT法ではバイアス監査の実施が義務化	サービス提供前等のタイミングにて当局への安全評価申告が必要 特定のアルゴリズムにおいて、政府への届け出を義務化	内部／外部によるAIマネジメントシステムの評価について言及	主に政府調達に関する評価にて関連

※1＝正式名称はExecutive Order on the Safe, Secure, and Trustworthy Development and Use of Artificial Intelligence
※2＝ 正式名称はAutomated Employment Decision Tools Law
表内の日付は規制等の公布、施行年など

規制と成長のバランスをどう捉えるかも、それぞれの考え方があるだろう。想定外の法令違反を起こさないためにも、各国の規制動向については継続的に注視していかなければならない。

⑥ChatGPT（生成AI）登場の影響

　生成AIサービスも評価の考え方は基本的には従来型AIと同様だ。ただし、技術的な特性や、用途拡大に伴って表出した特有のリスク、検討事項も多い。生成AIに対する評価を行うには、これらの検討事項を考慮する必要がある。例えば、生成AIには実際には誤っているものの、もっともらしい内容を回答するハルシネーション（幻覚）と呼ばれるリスクが存在する。出力結果の誤りは従来型AIでも起きるが、生成AIの誤りはもっともらしく見えることが多く、注意が必要だ。また、入出力データについては機密情報や個人情報の契約上の取り扱い、著作権侵害のリスクも考慮する必要があるだろう。

　従来型AIは社内でも使う従業員が限られていたが、生成AIは全従業員が使う可能性があり、利用の範囲も幅広い。全従業員がリスクを認識した上で適切に利用するような仕組みを構築するのはかなりハードルが高い。生成AIに特徴的なリスクを低減するためのシステム上の対応や、社内での教育体制の整備など、適切なリスク対応が実施できているか、重点的に評価を行うことも想定される。

　これらの生成AIの影響を考慮し、従来型AIに対する規制に、新たな規制を追加する例も世界各国で見受けられる。欧州で検討されてきたEU AI Actでは、当初議論されていた規制内容に加え、汎用目的AIについても規制の対象であることが明示され、追加対応を求める修正が行われている。広島AIプロセスにおいても、生成AIを想定した、高度なAIシステムを開発する組織向けの国際指針、国際行動規範が定められた。今後も生成AI向けの追加規制が導入される可能性があり、これら規制の遵守状況を評価するAI向けアシュアランスへの期待は高まることが想定される。

⑦経営者が今できること

　AIに対するアシュアランスの必要性は高まっているが、AIの評価基準作りは途に就いたばかりだ。国内では経済産業省がIT政策実施機関であ

る独立行政法人情報処理推進機構（Information-technology Promotion Agency：IPA）に、AIセーフティ・インスティテュート（Japan AI Safety Institute：AISI）を設立。AIの安全性評価基準の検討を始めている。民間では国内のAIビジネス有力企業の数十社が参加する任意団体「AIガバナンス協会（AI Governance Association：AIGA）」が設立されており、企業のあるべきAIガバナンスに関する共通理解の醸成や政策提言などの活動を推進している。

世界に目を向けると、ハイリスクのAIに対して適合性評価を求めるEU AI Actや、ニューヨーク市のAEDT法など、具体的な監査や評価の実施を求める法規制が台頭し始めている。

近い将来、海外の動きと整合性を取る形で国内でもAIのアシュアランスに関する議論が加速すると予想される。制度が先行した上で、詳細な基準や手法についてはベストプラクティスを模索しながら進めていくという事態も、ある程度想定しておくべきだろう。

経営者としては最新のAI技術をいち早く導入し、ビジネス上の優位を築くことを目指すのは当然だが、同時にAIのリスクに足元をすくわれないようにする意識も必要だ。現段階でも、AIのリスクに対して経営者ができることは多い。各国の規制動向は常にチェックしておくべきだろう。AIを対象としたアシュアランスの評価基準が定まったら、すぐに取得に向けて動けるようなガバナンス体制の構築も大切だ。自社のAIリスクの管理状況や、国内外のAIガバナンスに関する各種ガイドラインの遵守状況の確認など、様々なテーマから助言型監査を受けてみるのもお勧めだ。

デロイト トーマツでは、生成AIの検証または導入に関与するビジネスリーダーとテクノロジーリーダーを対象に、企業における生成AIの現状を調査している（グローバルの企業における生成AIの現状：今こそ次の一手を考える[21]）。調査では「生成AIの活用で生じるリスクを管理するために何を行っているか」を聞いているが、「規制要件の確認」や「ガバナンスフレームワークの確立」といった回答が上位に挙がっている（**図表5-9**）。自社内でのリスク対策やガバナンス構築の参考にしてほしい。

なおAIのアシュアランス取得は、見方を変えれば、マーケティング戦略の一環として捉えることもできる。昨今の技術進化を受けて、AIサー

ビスの利便性が向上する一方、消費者からの「安心・安全なAI」に対するニーズは引き続き根強い。今後の制度設計の動向にもよるが、自社のAIサービスやシステムに対してある種のお墨付きを与えることができるAIのアシュアランスは、ブランディングにもつながり、競争上の強力な武器になるとも言えるだろう。攻めと守りのバランスを見極めながら、着実にAIビジネスを展開していってほしい。

図表5-9 **生成AI実装リスクの管理対策**

順位	リスク管理の内容	実施割合
1	規制要件の監視と遵守の確保	47%
2	生成AIのガバナンスフレームワークの確立	46%
3	生成AIツールやアプリケーションに対する内部監査とテストの実施	42%
4	実務者に対し、潜在的なリスクを認識し軽減する方法を訓練する	37%
5	全ての生成AIコンテンツを人間が検証することを確保する	36%
6	生成AI関連のリスクに関する助言を行うために公式のグループ・委員会を活用する	34%
7	生成AIの活用について正式な記録を保存する	32%
8	外部の独立した業者による監査とテストを実施する	26%
9	生成AI関連のリスクを管理する責任を持つ役員を定める	21%

デロイト トーマツの調査レポート「グローバルの企業における生成AIの現状：今こそ次の一手を考える」における企業アンケートにおいて、「貴社では生成AIの活用で生じるリスクを管理するために何を行っているか？[20]」という質問の答えを集計。複数回答。調査期間2023年10月～12月。有効回答数2835。

COLUMN 生成AIは新人チームメンバー？

「同じ質問をしても毎回異なる回答が返ってくる」

「頑張って考える一方で、たまに頓珍漢な答えを返してくる」

「曖昧な指示だと途方に暮れるので、指示は細かく与えた方が良い」

「きちんと学習したり、参考になる資料を渡したりすると良い働きをする」

　これらの特徴を聞いて思い浮かべるのは何だろうか。配属間もない新人の特徴に見えるかもしれないが、実はChatGPTに代表される生成AIについても同じことが言える。生成AIについてはこれまでのシステムや従来型のAIとは考え方を変えて、システムよりは「ヒト」として管理をした方が実態に即しているという考え方がある。特に新人であれば上席者による成果物の確認は必須であるし、情報管理にも気を配った方が良いだろう。任せられる仕事に関しても、自社の経営上の重要な意思決定ではなく、まずは簡単な仕事が中心だ。生成AIに対して褒めたり叱ったりすると独特の反応が返ってくることもあり、そんなところもまさにヒトらしい。

　ヒトの動きを完全に制御するというのはとても難しいことである。考慮すべき事項はたくさんあり、様々なリスクへの対策が必要だ。法令違反、罰金の支払い、自社評判の低下など起こりうる事態を考えると事故が起きてからでは遅い。生成AIが新人チームメンバーのような事故を起こさないか、事前に評価をしておく意義は大きいだろう。

1 総務省「情報通信白書 平成30年版」、https://www.soumu.go.jp/johotsusintokei/whitepaper/h30.html

2 「トークン」という言葉には、印、象徴、代用貨幣などの意味があり、ブロックチェーン上で発行された、何らかの財産的価値や権利を表象するデータが「トークン」と呼ばれる。いわゆる暗号資産もトークンの一種である。

3 Deloitte AI Institute「グローバルAI活用企業動向調査 第5版」、https://www2.deloitte.com/jp/ja/pages/about-deloitte/articles/news-releases/nr20230519.html

4 P2Pとは「Peer to Peer」の略称のことで、サーバーを介さずに端末（PC、スマホなど）同士で直接データのやり取りを行う通信方式

5 ブロックチェーン上で発行・移転する有価証券はセキュリティ・トークンと呼ばれ、日本では2020年の金融商品取引法改正により株式や社債、受益証券等のブロックチェーン上での発行が可能となった。

6 Web3は非中央集権型インターネットともいわれ、ユーザーが提供された情報を閲覧するのみであった初期のインターネットをWeb1.0、企業の提供するプラットフォーム上でユーザーが相互に情報を交換・コミュニケーションする現在をWeb2.0とし、ブロックチェーン技術を用いてユーザーが自らデータを所有・管理できるWeb3は未来のインターネットのあり方の可能性として注目されている。

7 2020年12月22日、SECは暗号資産リップルを発行するRipple Labs, Inc. とその創業者らが違法な証券募集を行ったとして、差止命令や制裁金の賦課を求める訴訟をニューヨーク南地区連邦地方裁判所に提起した。暗号資産の定義が法に定められている日本と異なり、米国では「ハウイ基準」と呼ばれる基準を満たすかどうかによって証券該当性が判断されることが日米での当局の対応の差の一因となっている。
https://www.sec.gov/news/press-release/2020-338

8 ブロックチェーン上で取引を実行するために必要となる手数料。利用者から支払われたガス代は、取引の承認やブロック生成を行うマイナーへ報酬として支払われる。ガス代を求めることで、ネットワークの混雑を回避しながらマイナーにブロックチェーンを維持するインセンティブを与える設計がブロックチェーンの一つの特徴である。

9 日本公認会計士協会は、Web3ビジネスを営む事業者と監査人との相互理解を促進することを目的として、Web3ビジネスの監査受嘱における主要な課題を取りまとめた「Web3.0関連企業における監査受嘱上の課題に関する研究資料」を2023年11月に公表している。
https://jicpa.or.jp/specialized_field/20210423fih.html

10 保証業務実務指針3701「非パブリック型のブロックチェーンを活用した受託業務に係る内部統制の保証報告書に関する実務指針」は、日本公認会計士協会のWebサイトに公開されている。
https://jicpa.or.jp/specialized_field/publication/kansa/

11 マイクリプトヒーローズのWebサイト。https://www.mycryptoheroes.net/ja

12 OECDの「AIに関する専門家会合（AIGO）」においては以下のようにAIを定義している。「AIシステムとは、定義された一定の目的のために、環境に影響を及ぼす予測、提言または判断を行うことができる機械ベースのシステムである。AIシステムは機械もしくは人間またはその双方によるインプット、データを基に現実もしくは仮想の環境を認識し、そのような認識を手動または自動でモデル化し、モデル解釈を基に結果に向けた選択肢を定式化する。」
https://doi.org/10.1787/d62f618a-en

13 AIサービスやシステム、関連する組織について監査や保証、認証など何らかの評価や確認手続が必須となる対応。

14 広島AIプロセス。https://www.soumu.go.jp/hiroshimaaiprocess/documents.html

15 EU域内で一律に適用される人工知能（AI）の包括的な規制枠組み規則。欧州連合理事会が2024年5月に可決。2年以内に完全適用を見込む。
https://www.consilium.europa.eu/en/press/press-releases/2024/05/21/artificial-intelligence-ai-act-council-gives-final-green-light-to-the-first-worldwide-rules-on-ai/

16 GDPRはGeneral Data Protection Regulationの略称。一般データ保護規則と訳される。EU域内の個人データ保護を規定する法律。https://www.ppc.go.jp/enforcement/infoprovision/EU/

17 Automated Employment Decision Tools（AEDT）、自動化された雇用決定ツール。https://www.nyc.gov/site/dca/about/automated-employment-decision-tools.page

18 Executive Order on the Safe, Secure, and Trustworthy Development and Use of Artificial Intelligence。https://www.whitehouse.gov/briefing-room/presidential-actions/2023/10/30/executive-order-on-the-safe-secure-and-trustworthy-development-and-use-of-artificial-intelligence/

19 GAFAMは米アルファベット（Google）、米アップル、米メタ・プラットフォームズ（旧フェイスブック）、米アマゾン・ドット・コム、米マイクロソフトの頭文字から成る造語で米巨大テック企業群を指す。

20 Deloitte Development LLC「グローバルの企業における生成AIの現状：今こそ次の一手を考える（英語）」、https://www2.deloitte.com/jp/ja/pages/about-deloitte/articles/ai-institute/state-of-generative-ai-in-enterprise.html

第 6 章

アシュアランスの
課題と提言

アシュアランスが
社会に根付くために

① アシュアランスの重要性、必要性が増している。しかし、その具体的な中身について社会の認知が追いついていない。
② AIやサステナビリティ情報に関する国際的かつ一貫したルールは整備途上であり、かつ変化も激しい。アシュアランスの仕組みも同様。
③ 過度なアシュアランスを必須化すると、企業負担の増大、参入障壁化、監査人材の不足といった好ましくない事態を招く恐れがある。

　アシュアランスの重要性が増している理由、各種のアシュアランスの枠組み、具体的なサービスの内容について述べてきた。今後、生成AIの活用により生じるリスクや気候変動に対する危機感の高まりなどを背景に、アシュアランスが適用される領域はますます拡大していくことになるだろう。しかし、アシュアランスが社会的に有用な存在になっていくために解決すべき課題も多い。

　まず、アシュアランスの社会的認知度が低いこと。セキュリティ対策やサステナビリティ情報の重要性については社会的コンセンサスができつつあるといってよいだろう。しかし、その領域においてなぜアシュアランスが必要なのか、また、その具体的な内容や担保される範囲、必要なコストなどについては、経営者層でさえも理解が十分進んでいるとは言いがたい。

　次にアシュアランスの枠組みが整備されていないこと。領域によっては複数の規制、枠組みが存在しており、その内容も刻々と変化している。これでは対応を迫られる企業の負担は増すばかりだ。もし、将来、複数の類似の規制に個別の対応が必要になれば、対応コストの増大やリソース不足を招くことにもなる。体力の無いスタートアップは弾き飛ばされ、増えたコストは最終的に消費者へと転嫁される。

　アシュアランスの制度の品質を担保したり、実施主体を横断的にモニタ

リングしたりするような組織が存在しないことも大きな課題だ。今後も技術の進化は続くだろうし、サステナビリティ情報の開示の規制も変わっていく。規制自体も、開示される情報に信頼を付与するアシュアランスも、そしてその品質を担保する仕組みも継続的なアップデートが求められる。本来ならこのような変化に対応する規制当局のような存在が必要だが、一部の例外を除けばそのような組織は存在しない。

　概観しただけでも、①社会的認知度が低いこと、②コストの増大やリソース不足などの企業負担の増大、③異なる実施主体によるアシュアランスの品質を担保する仕組みの欠如——といった課題が挙げられる。

　いずれも将来的な解決が望まれるが、現時点でアシュアランスの活用を考える際に認識しておくべき課題を整理する。

1 アシュアランスが抱える課題

（1）認知度の低さが招く弊害

アシュアランスには、①財務諸表監査やSOC1／SOC2のように合理的保証意見が付与されるもの、②サステナビリティ情報の保証のように（現時点では）限定的保証が付与されるもの、③ISMAPやAUPのように保証意見は付与されないが確立された基準により手続が実施され、実施手続と結果の詳細が報告書の利用者に開示されるもの、④ISMSやPマークのように認証や取得の事実のみが公表されるもの——など様々なタイプがある。タイプによってアシュアランスを実施する第三者に支払う報酬や、取得に際して内部の人材にかかる負荷などには大きなばらつきがあり、取得難易度にも大きな差がある。一般的には、難易度が高いアシュアランスを取得していることは、その領域における内部統制の水準が高いことを示しており、これはステークホルダーにとっても好ましいことと言える。

しかしながら、アシュアランスのタイプの違いが正しく社会に認知されていないと、企業には取得難易度が低く、コストがかからないアシュアランスを取得するというインセンティブが働く。結果、使われるのは簡単に取得できる「弱い」アシュアランスのサービスばかりとなり、高い水準の内部統制の証しとして「強い」アシュアランスを求めるステークホルダーのニーズは満されなくなる。

アシュアランスはその目的に応じて様々な種類が選べるよう、「強い」ものから「弱い」ものまで、幅広いサービスが用意されていることが望ましい。これを実現するためには、アシュアランスのタイプやその内容を社会全体が理解できるよう、アシュアランスの提供者や専門家団体、関連官庁が連携して積極的に情報を発信していく必要がある。

また、経営者もアシュアランスのタイプの違いを理解し、目的に応じたアシュアランスを選択して取得するとともに、ステークホルダーもアシュアランスのタイプの違いを理解した上で意思決定を行うことが期待される。

（2）アシュアランス提供者の品質を担保する
仕組み作りが必要

　アシュアランスの実施手続は、実施主体が異なっていても「甘い」「厳しい」といった違いがあってはならない。これはアシュアランスを信頼するステークホルダーに誤った意思決定をさせないためである。アシュアランスは一定の基準や規準に基づいて実施されるが、それらは包括的な記述とならざるをえないため、実施主体によって解釈にばらつきが出ることは避けられない。

　そこで実施主体のアシュアランスの品質をモニタリングする団体や機関が必要となる。財務諸表監査の場合は、監査を実施する監査法人等は、監督官庁である金融庁の公認会計士・監査審査会（Certified Public Accountants and Auditing Oversight Board：CPAAOB）や、会計プロフェッションの自主規制機関である日本公認会計士協会（The Japanese Institute of Certified Public Accountants：JICPA）のモニタリングを受けている。

　第4章で紹介したサステナビリティ情報の保証基準「ISSA5000」（2024年末までに最終版公表予定）は職業にとらわれず利用可能（profession-agnostic）であり、サステナビリティ情報の保証は、財務諸表監査のような監査法人等の独占業務ではなく、他の専門家であっても実施できるとされている。監査法人等であればCPAAOBやJICPAによる横断的なモニタリングが可能だが、ISSA5000に基づく保証業務の全ての実施主体を横断的にモニタリングする権限がある団体や機関は、本稿執筆時点（2024年5月）では存在しない。

　今後も新たなアシュアランスのサービスが世の中に出てくることが予想されるが、制度設計の段階からアシュアランスの品質を維持するために、実施主体を横断的にモニタリングする団体や機関を考慮することが重要な課題となる。ステークホルダーによる検討が待たれるところである。

（3）アシュアランス人材の専門性と教育制度の整備

　技術革新が進むと新たなアシュアランスの需要が生じ、それに応じて新

しいアシュアランスの枠組みが作られ、新しいアシュアランスサービスが登場する。新しいサービスを提供するには、当該分野の専門知識を持つ人材が不可欠だが、新しい分野ゆえにその専門性を対外的に示すことが難しい場合もある。

　一番わかりやすい証明方法は、財務諸表監査における公認会計士や、システム監査におけるシステム監査技術者、公認情報システム監査人（CISA）のような、世の中で認められた資格を取得することである。しかし、新しい分野の場合は資格が存在しない、もしくは存在するが社会的な認知度が低いというケースが多いだろう。

　第5章で紹介したAIのアシュアランスについていえば、日本ディープラーニング協会のG検定・E資格や、統計質保証推進協会の統計検定など関連する資格は多数存在するが、AIのアシュアランスだけにフォーカスした資格は存在しない（2024年5月時点）。

　AIの技術的な理解と、アシュアランスの理論的実務的な理解を証明する資格の創設が待たれるところだが、新しいアシュアランスの制度を設計する場合には、アシュアランスを提供する人材の専門性を証明する資格の創設と、その資格を維持するための継続教育コンテンツの開発も課題となるだろう。

図表 6-1　アシュアランスの普及に向けた将来的な課題と提言

	課題	影響	提言
認知度	種類の違いによる取得難易度の違いが分からない	取得が容易なアシュアランスを選択し、ステークホルダーのニーズを満たせない	所轄官庁、業界団体等による啓蒙活動
品質	提供者によってアシュアランス品質がばらつく	アシュアランスそのものに対する信頼性の低下・毀損	提供者のアシュアランス品質を業界団体等が横断的にモニタリング
人材	新分野に対応できる人材の専門性を担保する仕組みがない	アシュアランスの需要を満たす専門人材を確保できない	専門性を証明する資格及び継続教育の仕組みの開発

あとがき

　近年はまさに不確実で、日々、想定外の事象が起きる時代である。経済・社会環境が大きく変化していく不確実な世の中で、経済成長していくためには、リスクテイクを推進するためのリスクマネジメントが重要である。現在、様々な企業で、リスクマネジメント体制構築が行われている。加えて、国家レベルでも、経済安全保障や、サイバーセキュリティリスクの観点から、リスクマネジメントの重要性が叫ばれており、体制構築整備に向けた取り組みが進んでいる。

　自社での体制構築整備を主導した経営者は、世間一般で要求されている管理水準を満たしているのかを不安に思うところもあるのではないか。一方で、もし、自社の体制が一定の水準であることを、外部に自信を持って説明できることができれば、企業の持続的成長に向けたリスクテイクをより推進できるのではないだろうか。

　昨今、企業は、多くの不確実性に取り組むことを求められている。例えば、温室効果ガスの排出量を2050年までに実質ゼロとすることとされている。そして、その取り組みが開示されることとなり、必要な開示が行われているかを保証することが求められる。まさに、脱炭素社会を実現するという目標達成に向けて外部からの保証を得ることで、企業の取り組みの説明が可能となる。また、経済社会では、デジタルトランスフォーメーションの議論が活発化しており、社会変革の重要な手段として推進されている。結果、デジタル・サイバー空間への依存度がかつてないほど高くなり、ブラックボックス化が進んでいる。経営者は自社の情報インフラがどの程度の水準まで整備されているかをステークホルダーに対して説明する必要が生じている。同時に「どこまで説明すれば、経営者としての説明責任を果たしたことになるのか」という新たな論点も浮上している。

　このように、今後社会が変革する中で、信頼を付与し、グローバルマーケットのステークホルダーを信頼でつないでいく「アシュアランス」という枠組みは、企業、社会がリスクテイクをしながら、持続的な成長を目指すにあたって、非常に重要な枠組みであると考える。是非、読者の皆様にも、この書籍を通じてアシュアランスの重要性をご理解いただけたら幸い

である。

　デロイト トーマツ グループは、我々の存在意義を下記のように定義している。

　「クライアントのため、メンバーのため、そして社会のため、私たちは常に最も重要な課題に挑戦し続ける。複雑な課題を解決し、クライアントの持続的な成長を促し、卓越した総合力を背景に、圧倒的な価値をもたらす。私たちは誠実であることを掲げ、信頼と信用を築き、社会に貢献していく。共通の価値観が、私たちを発展的で揺るぎないインパクトの創造へと導く」

　デロイト トーマツ グループは、監査・保証業務を通じて得た保証・開示のプラクティスに関する深い知見を持つ専門家、そして、コンサルティング・アドバイザリー業務を通じて得たデジタル、サステナビリティ領域におけるリスクに関連する知見を持つ専門家を多く擁している。また、グループのグローバルネットワークを通じて、グローバルにおけるレギュレーションの最新動向を把握することができる。私たちは、デロイト トーマツ グループの総合力を生かし、この新たな信頼を築く「アシュアランス」という枠組みを社会に定着させていくことで、社会、企業の持続的な成長に貢献していきたい。

　末筆ながら、当書籍の出版に関わられた皆様に御礼を申し上げたい。執筆を取りまとめていた齋藤雅司さん、長谷友春さんのリーダーシップがなければ、この書籍の出版は難しかったものと考える。執筆においては、第一線で活躍されているプロフェッショナルに多く参画いただいた。また、執筆に際して、構想の段階から、株式会社日経BPの平山舞氏、本間健司氏、株式会社ゼロワンディグリーの橋本史郎氏には、親身に相談に乗っていただき、執筆の段階においても、執筆協力という枠を超え、本書の構成やコンテンツに関するアドバイス提供も含め、多大なるご協力をいただいた。併せて、事業企画の皆様にも、出版に向けて様々な手配、調整をしていただいた。改めて、皆様のご尽力に御礼を申し上げる。

デロイト トーマツ グループ　執行役
デロイト トーマツ リスクアドバイザリー合同会社　代表執行役
有限責任監査法人トーマツ　リスクアドバイザリー事業本部長

岩村　篤

※**本書の位置付け**

　本書は皆様への情報提供として一般的な情報を掲載するのみであり、デロイト トウシュ トーマツ リミテッド（"DTTL"）、そのグローバルネットワーク組織を構成するメンバーファームおよびそれらの関係法人が本書をもって専門的な助言やサービスを提供するものではありません。皆様の財務または事業に影響を与えるような意思決定または行動をされる前に、適切な専門家にご相談ください。本書における情報の正確性や完全性に関して、いかなる表明、保証または確約（明示・黙示を問いません）をするものではありません。またDTTL、そのメンバーファーム、関係法人、社員・職員または代理人のいずれも、本資料に依拠した人に関係して直接または間接に発生したいかなる損失および損害に対して責任を負いません。DTTLならびに各メンバーファームおよび関係法人はそれぞれ法的に独立した別個の組織体です。

索引

索引

索引

索引

執筆陣一覧（五十音順）

秋葉　祐輔（あきば　ゆうすけ）
広告メディア業界で多くの経験を積んだのち、2009年より株式会社エスピーアイ（現デロイト トーマツ エスピーアイ株式会社）に参画、その後、2010年から2015年まで代表取締役を勤める。現在は、会長として、経営企画を担当している。

小久江　士郎（こくえ　しろう）
2006年に株式会社エスピーアイ（現デロイト トーマツ エスピーアイ株式会社）に参画、2009年にメディア・オーディット専門部隊の責任者に就任、2022年より執行役員。累計150社以上、メディア・オーディットからデジタルメディアへのコンサルテーションも含めた総合的なパフォーマンス改善の取り組みを支援している。

岡本　光信（おかもと　みつのぶ）
有限責任監査法人トーマツ入社後、財務諸表監査、公開準備会社監査の実施後、環境・CSR等の助言業務に従事。現在サステナビリティ関連の第三者保証業務を多数実施。サステナビリティ情報開示・評価向上等の助言業務など実施。日本公認会計士協会 監査・保証基準委員会 IAASB対応委員会（非財務情報保証WG）の委員。サステナビリティ情報審査協会 代表理事。公認会計士、サステナビリティ情報審査人。

後藤　知弘（ごとう　ともひろ）
有限責任監査法人トーマツ入社後、財務諸表監査、保証業務等に多数従事。非財務サステナビリティ保証統括において保証推進を担当。日本公認会計士協会 監査・保証基準委員会 起草委員長、サステナビリティ情報開示・保証業務特別委員会インターオペラビリティ論点検討小委員会委員。公認会計士、サステナビリティ情報審査人。

吉川　昌宏（きっかわ　まさひろ）
有限責任監査法人トーマツに入社後、金融機関やITベンダーに対するIT監査や保証業務の経験を経て、現在は暗号資産・Web3.0ビジネス・ブロックチェーン関連企業に対するIT監査業務や、内部管理体制構築支援等のアドバイザリー業務に従事している。日本公認会計士協会（業種別委員会）暗号資産対応専門委員。システム監査技術者。

齋藤　雅司（さいとう　まさし）
有限責任監査法人トーマツ入社後、事業会社に対する外部監査人としてのIT監査業務に従事する一方、IT領域に関連する保証業務、アドバイザリー業務にも従事。現在、日本を含むデロイトアジアパシフィックにおいて、前述の業務を担当する組織をリードする。米国公認会計士、公認情報システム監査人（CISA）。公認内部監査人（CIA）、CISSP。

木村　淳志（きむら　あつし）
有限責任監査法人トーマツ入社後、プライバシー・情報セキュリティコンサルティングに従事した後、大手金融機関を中心とした銀行・証券等に対するシステムリスク管理態勢構築、第三者評価およびIT監査を担当。2015年から2017年まで大手金融機関に出向、システムリスクおよびサイバーセキュリティ管理態勢の構築、運用に従事。公認情報システム監査人（CISA）、公認情報セキュリティマネージャー（CISM）、公認内部監査人（CIA）。

佐藤　亮（さとう　りょう）
ITベンダーでの勤務を経て有限責任監査法人トーマツに入社。米国上場企業に対する米国基準のIT監査やSOC1保証業務に従事する一方、AIガバナンスに関するアドバイザリー業務にも従事している。また、研究機関や業界団体を通じてAIに対する監査や認証のあり方を研究・発信している。米国公認会計士、公認情報システム監査人（CISA）。

白崎　陽一（しらさき　よういち）
ITベンダーでの勤務を経て有限責任監査法人トーマツに入社。政府機関や自治体等の情報セキュリティ監査、SOC1/2保証業務、政府情報システムのためのセキュリティ評価制度（ISMAP）における監査業務、情報システムに関連する合意された手続業務（AUP）等の幅広いシステムやセキュリティに関する監査等業務の経験を有する。システム監査技術者、公認情報システム監査人（CISA）。

津川　晋作（つがわ　しんさく）
ITベンダーでの勤務を経て有限責任監査法人トーマツに入社。金融持株会社・銀行・証券等を対象としたシステム統合のリスク管理態勢評価、システムリスク監査、内部監査助言業務、US-SOX/J-SOX対応内部統制構築助言業務等に多数従事している。直近では政府情報システムのためのセキュリティ評価制度（ISMAP）における情報セキュリティ監査業務をリードしている。公認情報システム監査人（CISA）、公認内部監査人（CIA）、CISSP。

辻村　啓（つじむら　あきら）
有限責任監査法人トーマツ入社後、財務諸表監査、IT監査のほか、金融機関に対するシステムリスク評価業務、SOC1/2保証業務、政府情報システムのためのセキュリティ評価制度（ISMAP）における情報セキュリティ監査業務などに従事している。経済産業省「クラウドサービスの安全性評価に関する検討会」監査WG委員（2019年～2020年）として、ISMAP制度の立ち上げに協力。公認会計士、システム監査技術者。

西　賢治（にし　けんじ）
日系自動車会社にて、グローバルIT戦略＆ガバナンス、システム開発業務、海外駐在などを経験した後、有限責任監査法人トーマツに入社。リスクアドバイザリー領域において自動車セクターリードを担当し、サステナビリティ、デジタルガバナンス、サプライチェーン、サイバー、データ等のリスクに関するアドバイザリー業務に従事。

野坂　晃史（のさか　こうじ）
有限責任監査法人トーマツ入社後、財務諸表監査、株式公開支援、内部監査支援等の経験を経て、IT監査、SOC1/2保証業務、政府情報システムのためのセキュリティ評価制度（ISMAP）における情報セキュリティ監査業務などに従事している。著書に『図解一番はじめに読む内部監査の本 第2版』（共著、東洋経済新報社）がある。公認会計士、システム監査技術者。

長谷　友春（はせ　ともはる）
有限責任監査法人トーマツ入社後、財務諸表監査、IT監査のほか、SOC1/2保証業務、政府情報システムのためのセキュリティ評価制度（ISMAP）における情報セキュリティ監査業務などに従事しており、トーマツにおけるIT関連の保証業務全般をリードしている。また、AIガバナンス協会の認証・標準WGヘッドとしてAIの認証制度の検討・提言を進めている。公認会計士、公認情報システム監査人（CISA）。

向山　博貴（むこやま　ひろたか）
有限責任監査法人トーマツ入社後、日系および外資系の金融機関、総合商社、製造業、流通業等に対する財務諸表監査、IT監査のほか、内部統制構築、ITガバナンス高度化、デジタル変革推進、ITデューデリジェンス、サイバー、アナリティクス等に関連するアドバイザリー業務に従事している。

Deloitte Tohmatsu Group
デロイト トーマツ グループ

デロイト トーマツ グループは、日本におけるデロイト アジア パシフィック リミテッドおよびデロイトネットワークのメンバーであるデロイト トーマツ合同会社ならびにそのグループ法人（有限責任監査法人トーマツ、デロイト トーマツ リスクアドバイザリー合同会社、デロイト トーマツ コンサルティング合同会社、デロイト トーマツ ファイナンシャルアドバイザリー合同会社、デロイト トーマツ税理士法人、DT弁護士法人およびデロイト トーマツ グループ合同会社を含む）の総称です。デロイト トーマツ グループは、日本で最大級のプロフェッショナルグループのひとつであり、各法人がそれぞれの適用法令に従い、監査・保証業務、リスクアドバイザリー、コンサルティング、ファイナンシャルアドバイザリー、税務、法務等を提供しています。また、国内約30都市に約2万人の専門家を擁し、多国籍企業や主要な日本企業をクライアントとしています。詳細はデロイト トーマツ グループWebサイト（https://www2.deloitte.com/jp/ ）をご覧ください。

アシュアランス
ステークホルダーを信頼でつなぐ

2024年 9月17日　第1版第1刷発行

著　者	デロイト トーマツ グループ
発行者	松井 健
発　行	株式会社日経BP
発　売	株式会社日経BPマーケティング
	〒105-8308　東京都港区虎ノ門4-3-12
装丁・本文デザイン	中川 英祐 (トリプルライン)
写真	大槻 純一
印刷・製本	TOPPANクロレ株式会社

ISBN 978-4-296-20513-4 Printed in Japan